神医学

88次元 Fa-A ドクタードルフィン
松久 正

青林堂

はじめに

前著『神ドクター』では、私、88次元 Fa-A ドクタードルフィン松久正のエネルギーが至高神である大宇宙大和神《オオトノチオオカミ》（金白龍王《きんはくりゅうおう》）であり、令和の時代に超神 "Doctor of God" として降臨し、神を修正・覚醒させ、人類と地球のＤＮＡを書き換えるために、これまでどのような経緯を辿ってきたかについて説明しました。

そこでこの本では、神ドクターである私が行っている「神医学」について、皆さんにわかりやすく説明したいと思います。

初めに結論を述べておくと、私が行っている高次元の神医学は、今までの医学の概念では理解できないものであり、物質である細胞を対象とするものではなく、エネルギーである宇宙の叡智と目に見えない高次元ＤＮＡを修正し、書き換えるというものです。

それゆえ、これまでの三次元医学では起こり得ない奇跡が、毎日当たり前のように起きています。つまり、「三次元医学の奇跡は神医学の常識」なのです。

「神医学」というのは新たなレムリア時代にふさわしい高次元の医学であり、この本の第一の目的は、今の医学を信奉していたら本当に幸せになれないし、それどころか下手をすると苦しみながら早く死んでしまいますよ、ということを早く皆さんに気づいてもらうことです。

私は医者になって28年くらい経ちますが、最初から高次元の医学へたどり着くことはわかっていました。現代医学をやっている時から、薬で抑えつけたり、手術で取ったり、放射線で叩いたりする今の医療のあり方に対して、「なにか違うぞ」とずっと疑問を持っていたからです。

身体は一瞬良くなったように見えても、身体を構成しているエネルギーは傷ついたままで、それを何とかしないと救われないだろうという感覚をすごく持っていました。でも日本ではそんなことは誰も言わないし、私一人が今の医学に異を唱えてもバカだと思われるか、誰も相手にしてくれないので、ずっと言えずに、すごく自分を抑えつけてきたのです。

それがアメリカに行って、少し自分から発信するようになり、日本に帰ってきて開業してからは、本当に自分の好きな世界を追い求めるようになって、今の高次元医学を構築したのです。

本文で詳しく述べますが、神の視点、高次元の視点からすると、病気というものはDNAのシナリオで自ら100％選んだものです。ただ「オギャー」と生まれた瞬間に、自分が選んだ記憶が消されるエネルギーグリットが仕組まれているので、覚えていないだけです。

あえて記憶を消して、人生において病気やさまざまな問題に遭遇することによって、気づきや学びを通して魂を成長・進化させるためです。

つまり、病気は悪ではなくて、宇宙からのギフト！

これまでの三次元医学では、「病気は悪」「病気は敵」「だから早くやっつけなくてはいけない」という考え方ですが、この〝常識〟や〝集合意識〟がすごく人間を苦しめています。その古い集合意識を根底から書き換えて、高次元の視点から本来の医学の神髄をお伝えするのがこの本のもう一つの目的です。

したがって、本書では、高次元DNAに記録された魂のシナリオと、そのシナリオを宇宙の叡智によって一瞬にして書き換えることによって、地球の医師や科学者が理解できない奇跡を、毎日、当たり前に生み出しているドクタードルフィンの神医学について解説していきます。

人類と地球が覚醒するのに鍵となるのは、神医学、太陽、珪素水晶、ダイアモンド（特にアルカダイアモンド）です。

本書を手にされたあなたは、神医学が人類と地球を次元上昇させ、愛と調和のミロクの世が生まれることを、感知することとなります。

88次元 Fa-A
ドクタードルフィン 松久 正

目次

第1章

現代医学は三次元の医学

○世界中で誰もやっていない「高次元ＤＮＡ診療」

私のドクター人生は、令和２（２０２０）年に30年年を迎えます。最初に日本で９年間、整形外科医をやり、アメリカで９年間、自然医学（カイロプラクティック）を学んで、その後帰国してから12年が経ちます。

今、私は至高神のエネルギーでこの世に存在し、その神を統括するエネルギーで患者さんの魂と向き合いながら、「高次元ＤＮＡ診療」を毎日行っています。

人間が70年から80年ほど生きるとして、その人生のわずか３分間。これが、毎日、私が患者さんを診るのに使用する実質的な時間です。

患者さんは全国から旅費と宿泊費、診療費を負担し、さらに移動や待機の時間を費やして私のところにやってきます。そのなかで診療はわずか３分間ですから、私も日々真剣勝負で臨んでいます。

ではなぜ、３分なのか？

正直なところ、私の診療にはもっと少ない時間でも十分なのです。逆に、いくら時間をかけても患者さんを救えない古い三次元の医学が蔓延《まんえん》しているのが今の世の中です。

そのわけは、身体や心だけを対象にしている三次元医学では診療時間をかければいいと思っていて、患者さんも時間をかけてくれればくれるほど「いい医者」だと信じ込んでいるためです。

しかし、それは間違いです。神ドクターによる神医学の高次元的視点からすれば、診療時間が短いほど、診療レベルは高くなります。

なぜなら、身体や心の状態は時間をかければかけるほど徐々に変わっていく可能性はあるものの、本当に大事な医学、真の幸福のためには、患者さんの「魂の次元」を診て、目に見えないＤＮＡを書き換えていく必要があるからです。

そもそも、これまでの医学は、身体や心の状態を改善することを目的として発展してきました。

現代の西洋医学は、ヒポクラテスなどのギリシャ医学を原点として主にヨーロッパで発展したもので、客観的証拠を重視し、物理学、化学、生物学などの科学に支えられてきた、いわば物質的な世界です。

つまり、現代医学は心身を機械のように捉え、不調がある箇所の部品を交換するように切ったり貼ったりしながらそこだけを修理したり、またいろんな薬をたくさん投与しながら一時的に症状を抑えたり、延命をはかる対症療法として用いられてきたわけです。

ほとんどの日本人もそれが医学・医療だと思っているし、私もかつてはそのように捉えていました。

しかし、ありとあらゆる患者さんと接するなかで、88次元意識エネルギーとつながる、神ドクターとして覚醒したことで、身体や心を診るだけの医療ではエネルギーが低いことに気づき、これまでの三次元医学の常識をぶっ壊して、魂次元にフォーカスすることに徹底するようになったのです。

次元的にいうと、魂のエネルギーが一番高く、次が心のエネルギー、一番下が身体のエネルギーとなります。低いエネルギーであれば、時間をかければかけるほど変わりやすくなるでしょう。物質なのでそれは当然です。

ところが、低いエネルギーばかりにフォーカスしていると、魂次元がないがしろになって人間の意識も低くなります。そうなると、真の幸福も得られず、低次元のエネルギーのまま人生を過ごすことになってしまうのです。

これではいつまで経っても本当の救いはもたらされません。

私が神ドクターとしてフォーカスしているのは、その人の魂のエネルギーです。高いエネルギーは時間をかけるほど変わりにくくなってしまうため、魂次元において瞬時に変化を起こす必要があります。だから「魂の3分間診療」なのです（診療の詳細については後述します）。

○私が現代医学に切り込むわけ

これは、これまでの医学自体に真正面から切り込むということです。

私ほど現代医学に切り込むのに適した人材はいません。なぜかというと、まず現代医学を日本で約10年関りました。手術もたくさん行いましたし、外来でもたくさんの患者を診て、遺伝子の研究もしました。

ある程度経験を積んでアメリカに留学して、自然医学という形でカイロプラクティックというものを学び、日本に帰って来て新しい医学を作るために、カイロプラクティックをさらにエネルギー的な観点から発展させ、適応症の範囲を広げてきました。

患者さんは、例えば母親のお腹に入っている胎児、生まれたての赤ん坊、身体の軽い症状から最重症、がんのステージⅣ、どこの医療機関も手に負えなかったあらゆる難病、亡くなる少し前のお年寄りまで、病気や症状のオンパレードで、また心療内科や精神科が診るような自殺未遂や自殺願望などの心の病も含め、科という科を飛び越えてすべての病人を受け入れてきました。

その間、ありとあらゆる人間像を診てきたと同時に、スピリチュアル、精神世界、最先端の科学や量子力学など、いろんな情報やさまざまな分野の人たちと接することによって、普通の医者が得られないものすごく幅広い知見が得られました。

ここ10数年は人間を対象にした診療をやっていますが、私は本来、動物でも植物でも診ます。ただ、医療法の制限があるので公にはやらないだけで、プライベートでは動物も診るし、植物にも関与することがあります。

これは、人間も他の動植物たちも同じ生命エネルギーとして捉えているからです。

特に最近多いのは、魂を進化させたい、人生を開花させたい、目醒めたい、松果体を活性化したい、ＤＮＡを書き換えたいという理由で来られる患者さんたちです。

このような、魂の領域を含むありとあらゆる人間の問題について診ている医療機関は、世界中どこにもないでしょう。

これは私が88次元エネルギーをもつ神ドクターだからこそで、これまでの医学を創造的に解体する上で最強の存在である理由です。

○『壊さないと創れないのじゃ』（菊理姫神《ククリヒメカミ》）

どの分野でもそうですが、何かを新しくつくり変えるには、一度壊さないとだめです。

昨年私が『菊理姫神降臨《ククリヒメカミこうりん》なり』（ヒカルランド刊）という本を出版したのも、令和の時代は破壊と創造をもたらす菊理姫神の働きが重要で、菊理姫神のエネルギーによって人々の覚醒を促すためです。

菊理姫神は、至高神・大宇宙大和神《オオトノチオオカミ》であるドクタードルフィンに降臨して、次のように語りました。

『壊すことを恐れることなかれ！

守るのは止めなされ！

壊さないと創れないのじゃ！

黄泉《よみ》と現生、大和と世界、地球と宇宙をくくるぞ！

2019年は準備の年じゃ！

2020年、霊性の大和日本が目覚めるぞ！』

このように、霊性の大和を目覚めさせるには、医学の分野においても然りです。

いままでの医学のシステムやあり方を守ったままでは、絶対に人類が恩恵を受けるような医学の形は生まれてきません。

現代医学の問題や、物質医学に限界があることを感じている人たちは多くいます。

なのに、どうしてその医学が変わらないか？　それは誰も壊せないからです。

誰も正面きって切り込めない、ようするに、勇気と叡智を持って切り込む力がないのです。

中途半端に切り込めば袋叩きにあうか、村八分にされるし、医師の世界で生きていけなくなるでしょう。それだけ現代医学の白い巨塔はこの世での力を保持していて、特に日本では逆らう者を徹底的に排除しようとします。

そこで、何をしても何も言われないのは今や私くらいでしょう。なにしろ、88次元をして、これまでの三次元医学の常識をぶっ壊す‼　のですから。私はそのくらい特殊な存在です。

これは、神ドクターとしてありとあらゆる人間模様を見、ありとあらゆる人の魂を解放するお手伝いをしてきたからこそです。

そして、私には捨てるものが何もありません。すべて自分のオリジナルで、過去につくられたものとか誰かがつくったものを真似ていないので、人から脅かされたり他人を忖度《そんたく》する必要も全くありません。

つまり、正面きって現代医学に切り込んだとしても、この地球上に私を脅《おびや》かす者は誰もいない。今やイルミナティ、フリーメイソン、ロスチャイルドも、私の働きかけにより、人類が宇宙叡智とつながることを受け入れました。だからこそ、今回私がこの本を出すときが来たのです。

○三次元医学の常識をぶっ壊す!!

この本で述べる内容は、これまでの三次元医学の常識を根底から覆します。

そもそも、これまでの医学で一番問題なのは、「人はなぜ病気になるのか？」「人はなぜ死ぬのか？」という疑問の根本的な原因がわかっていないことです。

神ドクターの神医学の観点からすると、それは、魂が「病気になりたい」「死にたい」と望んでいるからです。つまり、生まれてくる前に、自ら選択した魂のシナリオに、病気になることや死ぬことが書かれているということです。

にもかかわらず、患者さんは、「病気になりたくない」「痛みを取りたい」「症状をよくしたい」「死にたくない」「長生きしたい」等々と懇願します。

けれども、多くの場合、それは、その人自身の魂が願っている本当の望みとは全く違うものです。

病気になりたくないとか、死にたくないと訴えて抵抗しているのは、魂ではなく、脳からの訴え、いわば脳の集合意識（他人の意識）です（次章で詳述）。

そこで、三次元医学を施す普通のドクターは、手術や薬を使って身体や心の不調を取り除き、少しでも長生きできるように患者さんの要望に応えようとするでしょう。

対して、神ドクターの神医学では、そのような脳からの訴え、脳の集合意識の要求はほとんど無視します。これは普通のドクターたちにとってはあり得ないことです。

患者さんの訴える言葉は、脳という「情報図書館（常識と固定観念）」が出している雑音に過ぎません。いちいちそれにとらわれていたら、本当の意味で患者さんの魂を救うことはできません。

三次元医学のドクターは、患者さんの脳の訴えは聞けても、決して魂の訴えを認めようとはしません。なぜなら、地球上のドクターは、誰も脳の訴えと魂の訴えが違うものだとは思っていないからです。人間として同じ次元から患者さんを診ているからです。それでは絶対にその違いを見破ることはできないのです。

神ドクターによる神医学では、患者さんの魂レベルの高次元を診て、そこを変えます。人間目線ではなく、神目線で患者さんを診るのです。

患者さんが魂のレベルで何を望んでいるのか、それを患者さん自身の魂に気づかせ、それを叶えるお手伝いをするのが神医学であり、神ドクターにとっては最も重要なことなのです。

このように、人間のエネルギーを下げてきたこれまでの物質医学を、よりエネルギーの高い医学にシフトさせることが重要です。私が『死と病気は芸術だ！』（ヴォイス刊）という本を出版したのも、人々の意識をそのような高次元のエネルギーに変えるためです。

○現代医学が物質医学に陥ったわけ

現代医学がなぜ物質医学に陥ってしまったのか？　そのわけを知るために、医学の歴史を遡《さかのぼ》って見ておくことにしましょう。

先ほど述べたように、最初に医療行為が行われたのは数千年前のエジプトだといわれています。エジプトの遺跡の中に、医療器具のような絵が描かれていて、それがおそらく世界最古の医療器具だとされています。

おそらく、この頃に医療の専門家、今でいう医者が誕生したと思われます。そうすると、紀元前２０００年頃に医学が始まってから、まだ４０００年くらいです。

一方でもっと遡れば、レムリアや縄文時代があって、その頃は高次元とつながっていたので、人々は皆平等で、患者の身体を診る者、心を診る者、食事を作る者、物を作ったり、運ぶ者とか、それぞれがいろんな役割を分担しあって調和社会を築いていました。

その中には、他人の身体を癒やすのに長けた人間もいたでしょう。人の病を癒やすことができれば、もちろん尊敬されます。しかし、尊敬はされるけれど、絶対的な存在ではありませんでした。なぜなら、その能力や適性は、他の能力や適性と同じで、それぞれが得意な能力を持ち寄って共同体を築いていたために、一人だけ突出して特別な権威や権力を持つ人はいなかったからです。

ですから、昔は、医療技術に長けた人（医術者）の言うことも尊重はするけれど、絶対ではありませんでした。なぜなら、高次元とつながっていれば、自分のエネルギー（自己治癒力）を高めて自分で治すことが容易にできたからです。

だから、当時の人々は医術者の指示を受け入れることもできるし、拒否することもでき、他の方法を試すことも自由にできていたはずです。

しかし、いつしか、近代的な医療技術を身に付けた医者の言うことだけが絶対視されるようになったわけです。それは現代西洋医学が世界に広がっていったからです。

日本でいうと、それまでは東洋医学が主流だったのが、室町時代の終わりから江戸時代にかけてキリスト教と共に西洋の蘭方医学が入ってきて、明治に入ると自然科学を土台にする近代医学教育が行われ、本格的に西洋医学が導入されるようになりました。

人体解剖や人の身体で治療の効果を測るなど、科学の発達と共にさまざまな医療機器が開発されました。時代を経るごとに放射線を利用したレントゲンやＣＴ、ＭＲＩなどの医療機器なども生まれ、物質医学の基盤がより強固になっていったのです。

何が今の医学の基礎を作ったかというと、唯物的な西洋思想です。つまり、「病気というものは毒や細菌、ウイルスなどの悪い物が身体の中に入って起こる。だから、外から入ってくる悪い病原体は抑えつけないといけない、そして悪い部分は、取り去らなければならない」という考え方です。

○昔は健康や病気をエネルギーで捉えていた

物質的でこの世的な考え方が主流になったことで、見過ごされてしまったのが、「病気は悪い気や霊＝エネルギーによって起こる」という考え方です。

実際、江戸時代や明治、大正時代頃までは霊能者がけっこう日本にいて、病気は悪い霊がついたとか、悪いエネルギーを受けてしまったために生じたという、エネルギー原因論もあったのです。

それだけ当時の人々は、見えない世界や生命エネルギーの働きを知っていたということです。

よく知られているのは、明治19（1886）年、日本で初めて超能力の科学的実験に応じた御船《みふね》千鶴子《ちづこ》で、彼女は千里眼と呼ばれた透視能力を持っていました。千鶴子の透視能力を科学的に調査しようとしたのが、東京帝国大学（現・東京大学）の助教授・福来友吉《ふくらいともきち》博士で、当時、千鶴子は、数々の場にて透視を成功させていったのですが、多くの学者たちは終始否定的な立場を崩そうとはしませんでした。

そして、千鶴子が実験物のすり替えをしたのではとあらぬ疑いをかけました。彼女はすり替えなど行っていないにもかかわらず、学者やマスコミが千鶴子を疑いの目で実験観察したために、透視は失敗とされました。結局、自らの能力が認められないことに絶望した千鶴子は24歳の若さで自殺してしまいました。

その後も同じような実験が行われていますが、なぜか超能力を証明するような結果が出ないことがたびたび起きます。全員が疑いを持っているような場では、エネルギー場が乱れて、実験が失敗するのです。

それほどエネルギーは人々の意識と反応する精妙なものなのです。それを全く理解しようとしない人たち、唯物的な学者たちが「だから、そんなのはインチキだ！」と決めつけて、結局のところ、目に見えないエネルギーが世の中から抹殺されてきたのです。

これが近代化していく中での科学や医学の常識となり、明治以降はより加速していきました。だから、今の医学の根底には、「目に見えるものだけを信じる」「目に見えるものだけを当てにする」という根本的な欠陥があるのです。

普通の科学者や医者にとって、「目に見えないものはない、目に見えるものはある」、これが彼らの常識。そのため、医師というのは病気を叩ける専門家、取り去れる専門家でなくてはならない、というわけで、薬や手術の技をせっせと磨くことに専念し、医療行為は誰でもできるものではなくなっていきました。

江戸時代の頃までは、薬草や目に見えない呪術、悪魔祓いなど、一般の人たちが得意な能力を使って人々の癒やしに寄与していたので、医療行為の幅が広かったし、提供する側も対等だったのが、西洋医学が入ってきたことによって医療行為が極端に制限され、医師免許を持つ人だけが特別視されるようになったのです。

しかも、身体を物質的な機械のように捉えているために、エネルギーは全く無視。薬草も祈りも「非科学的」と退け、単に切ったり貼ったりするようになりました。その根底には、外から入る悪い物を取り除かないといけないという間違った信念があるのです。

○建前と本音を使い分けているビジネス医療

医療がライセンス制になったことで、一般の人には医療行為ができなくなり、相対的に医者の立場は一気に上がって、袖の下も当たり前のようなピラミッド構造ができたのが現代です。

それが未だに２００年以上も受け継がれているわけですが、人間を低次元化するこの見えない壁を誰も壊せないでいるのです。

もちろん、医者たちの中でも「現代医学はおかしい」と思い、がんの標準治療とされる投薬（抗がん剤）、手術、放射線治療の問題に気づいている人はたくさんいます。

つい最近の新聞でも、医者の９割が「自分ががんになったら抗がん剤は受けない」と答え、食事療法や自然療法で治すという記事が出ていましたが、実際にがんになった医者の９割以上が西洋医学以外の何らかの療法に頼っているのです。

おかしな話ですが、医者は患者に対しては「抗がん剤をやりなさい、やらなきゃ死ぬよ」と告げ、経営ありきの教授や医院長も、学会やミーティングの時に「とにかく薬を出せ」と言いながら、その一方で、自分や自分の家族には薬を飲ませようとはしません。

これも実際にある会食で聞いた話ですが、ある医者が奥さんとの会話で、「抗がん治療なんて効くかどうかわからないもの、俺は受けない」と言ったら、奥さんが「あなた、そんな自分がわからないことを患者にしていてもよろしいの？」と尋ねたら、その医者は「そうしないと俺が食べていけないだろう」と言いました。これが今の医学の隠れた構造です。

自分が受けようとしない治療を患者に施すというのは、果たしてどういうことなのか⁉

これを変えていかないと、医学は永久に進歩しません。

私の周りでも、飲み会の席では、「あんなの、〇〇に効果が見られたっていってるけど、マウスの実験結果に過ぎず、実際、本当に効果があるかどうかわからない」「医学のエビデンスはあってないようなもの。ただ、一応頼りに患者さんには言うけど、実際にそれがいいかどうかは誰にもわからない」などという本音をよく聞きます。

抗ウイルス剤やワクチンにしても、まず99・99％効かないのに、それを何人かに打って、ちゃんと治療していると見せかけて医療費を取ったり、ウイルスだから抗菌剤なんて効くわけがないのに、わけのわからない理論で抗生剤をどんどん出したり……。

例えば、ちょっと咳が出ているとすぐに鎮咳薬《ちんがい》を処方する。鎮咳薬は咳をするという本来の防御反応を弱めるのです。一時的に咳は出なくなったとしても、防御反応を弱めるのでよけいに侵されるだけです。

ようするに、結局、体裁のいいことはやるけれど、患者本人のことは考えていないのです。医者に、「もしあなたの子供だったら抗生剤は出しますか？」「解熱剤出しますか？」「抗がん剤与えますか？」と聞くと、出さない、与えないと答える医者が多いのが現実です。

患者さんに「あなた、抗生剤を長期間飲まないとダメですよ」と言う医者も多いですが、抗生剤はＤＮＡを破壊するので、もし相手が自分の家族だったら、せいぜい5日程度に留めるはずです。

それなのに、お年寄りの患者さんに対しても「あなた、免疫力弱いから一生飲みなさい」などとむちゃくちゃなことを平気で言っています。これはもはや医療ではなく、ただのビジネス、金儲けです。

これをもっと訴えていかないと、人類のＤＮＡがどんどんダメになっていきます。

○異常というレッテルを貼って脅かす健診

現代医学がビジネス化している証拠は、たとえ正常な検査結果であっても統計学上のトリックを使って「異常値」と判定し、健康な人を病人にすることによって、必要のない治療や投薬をして病院や製薬会社が儲けるやり方がその典型です。

例えば、男性に多い前立腺肥大の場合。定期検診を受けると「前立腺の酵素、ＰＳＡが高いので精密検査を受けてください」と言われ、「先生、どうしましょう」と心配した時点で数値が上がります。

そして次に行ったら、また悪い結果を聞かされて、結局医者の言うまま処置されるハメになる。一事が万事この調子で、統計学的な数値だけを根拠に正常、異常をつくり出し、いわば異常値の患者さんを食い物にしているわけですが、その基準（正常）値そのものがコロコロ変わっているのが実情です。

血圧も、昔は１６０まで正常だったのが、今は１２０まで。コレステロールも、昔の基準値は250mg/dlだったのが、メバロチンというコレステロールを下げる薬が発売されると同時に、基準値が220mg/dlに変更されました。この基準値では半分以上の中高年が異常値になります。

このように、病院もビジネスだということです。今の資本主義社会の世の中では、病院経営、医療経営をするには、ビジネスとして成り立つことが第一優先になってしまっているのです。

そのためには、顧客をたくさん獲得する必要があります。だから、健康診断の基準を厳しくして、ちょっとでも異常値が出ていると「これは危ない」と脅して、たくさん検査させて、健康の枠を縮めて異常を増やして強引に処置や処分を施す。それが今の三次元の医学です。

患者を1回捕まえると逃すまいとして「一生飲み続けなさい」と。ところが、薬を飲み続けているうちに免疫力や治癒力がどんどん乱れて、もう医療なしでは生きていけなくなってしまう……それが彼らの思うツボです。

現実問題として、基準値のデータに従って最先端医学を受けた人たちと、それを受けなかった人たち、どちらの幸福度が高いかというと、後者です。これは医者なら感覚的にわかると思います。

患者の予後を総合的に比較集計したら、医療が発達していない地域ほど長生きしていて、しかも幸福度が高いという論文も出ているくらいで、高度な医療がある所はむしろ幸福度を下げて寿命を縮める、という悲しい事実があるのです。

健康診断でも、グレーゾーン（境界領域）は悪いわけではないのに、医者は自分の保身のために悪い可能性を示唆して「精密検査を受けましょう」と勧めるので、白衣効果やムダな検査などで患者は悪化する確率が高まります。

なので、健康診断は受けない方が、たぶん人間の幸福は明らかに上がるでしょう。

私は「不幸になりたい人、早く死にたい人、が、健康診断を受ける、病院に出入りする」と、いつも言っています。

人間医学は、健康の指標を平均的な統計で診ます。ホルモンの範囲はこの値にないとダメ、血圧も、血糖値も、コレステロールも、この値が正常値でありそれ以外は異常であると。

しかし、これは全くナンセンスな話です。それぞれその人にとってのベストな値があって、個人差を無視して、おしなべて一定の値に持っていこうとするからおかしくなるのです。

なぜ血圧が高いかというと、脳血管が固くなってくるからです。脳や心臓のすみずみまで血液を送らないといけないから血圧を高くしているわけです。

それはポンプの働きを一時的に強くしているだけで、ずっと高いわけでなくて、必要な時に高くなっている。それが病院に行くと緊張して高くなるのです。その時に判断されるので、「あなたは血圧が高過ぎます」と言われて、薬を処方されます。

コレステロールにしても、値が高いと薬で下げようとしますが、高いからエネルギーになるし、エネルギーを貯蔵できる。低いとエネルギーがなくなって細胞も作れなくなるのです。そういう意味では、歳をとったらコレステロール値は高い方がいいのです。

今の医学は完全に生命を理解していない人間たちが作り上げたために、人を機械的、物質的に見ているのが一番の問題で、低次元たるゆえんです。

その最たる例が、がん検診です。そもそもがん細胞は健康な人でも毎日多数（学説によっては1日に5000個）できていて、そのつど免疫細胞（リンパ球）によって退治されています。日々私たちの身体の中でそれがくり返されているわけですが、なぜか日本ではこぞってがん検診が推奨され、「早期発見・早期治療」が声高に叫ばれています

しかし、がん検診を受ければ命が救われるという常識は全く根拠のないもので、世界的

医学雑誌の『ＢＭＪ』においても、「がん検診を受ければ寿命が延びる科学的根拠は一切ない」という論文が掲載されました。また「がん検診を受ける人の方が、寿命が短い」と結論するデータもあるようです。

しかも、がん検診によって命を奪わない病変を「がん」と過剰診断されてしまうため、無用な検査や治療によって、逆にがんが広がったり、転移するなど健康被害に遭う人が急増しているのが実情です。

○物質主義や金儲け中心の「人間医学」

このように、ビジネスありきの現代医学は、欲深い人間の視点にまみれています。

人間は脳を通した思考で考えるので、結局自分を守るための仕事しかしません。自分の病院が成り立つため、自分の身が成り立つため、自分の肩書、体裁を守るための医学しかしませんよ、ということです。

それなのに、医学というといかにも高尚な分野で、一般の人は文句が言えないような聖域になってしまっています。でも、実はそうじゃない、弱い人間たちが建前や体裁をつくろっているだけなのです。

なぜこのようなおかしなことが成り立っているかというと、患者の中には医者の言うことは絶対で、間違いはない、という呪詛《じゅそ》があるためです。

これが今の医学の最大の問題点です。このような物質主義の医学、金儲け中心の医療のことを私は「三次元の人間医学」と呼んでいます。

その理由は、エネルギーレベルの低い人間でも医者になれる低次元の医学だからです。

どういうことかというと、しょせん医学部で6年間習ったところで、生きた知識にはならないのです。教科書を覚えるだけで、実際の医療現場、臨床では役に立たず、医療というのはほとんどは体験を重ねる中で診ていく、深めていくものなのです。

ところが、今の医学教育においては、体験できる場所はほとんどありません。そのため、ただ教科書で習ったマニュアルに沿って、こんな症状・病気にはこういう治療を、というルーチンになるだけで、誰もそれに疑問を持たずにやっているだけなのです。

それなのに、高学歴であったり医学部を出ただけで「エリート」と呼ばれ、調子に乗って機械的なルーチン診療をくり返している、それがエネルギーレベルが低い証拠です。

ルーチンで一番怖いのは、仮に10人に同じ診断名がついても、10人それぞれに発症も違うし経過も違う、なので当然治癒も違う、なのに皆同じ治療法を適用してしまうのです。

個人差もあって全くタイプが違うにもかかわらず、とりあえず診断名をつけると治療ができるし、保険が通るし、点数が取れます。だから、むりやりでも診断名をつけて同じ診断名には同じ治療を施す、これがごく一般的な治療です。

当然ながら、同じ治療をしても、それで効く人もいるし、効かない人もいるわけですが、とりあえず機械的に一律に処置して、たまたま効けば儲けもの——そんな低次元の治療が現状だということです。

しかもそんな低次元の医学に対して、今の社会はムダなお金をどんどん使っています。医者たちの研究のために超高額な先端機器を次から次に開発していますが、人間の本当の幸福から考えるとそんなものは別になくてもいいです。

私がやっている高次元医学では、そんな大金や高額な医療機器はいりません。一方、今の三次元の人間医学は、進歩すればするほどムダな医療費が際限なく膨らむ一方です。人間の魂レベルがどんどん落ちているのが実情です。

学会でドクターたちの発表を聞いていても、いかに自分たちの論文を権威づけるか、そのために難しい雑誌にいかに掲載させるかが目的であり、自分や病院のステータスや肩書を上げることしか頭にありません。

そういう学会では、私がセミナーや講演会でしているような、人間がいかに奇跡的に変わるかという話や体験、そこで起きた感動や喜びのエネルギー、笑いや感動の涙などは全くないのです。

生命を扱う学会なのに小難しい話ばかりです。結局、自分たちの正当性や能力を見せつけるためだけにやっていて、患者さんの人生がどう変わったとか、社会がどう変わったとか、そういう話は一切ありません。

今の人間医学には、夢や希望、感動や愛などがはどこにもありません。

しかし、人を救いたいと思っている医者は、そして世界をリードする人間は、喜び、感動、夢、希望を常に作り出すという感性を持っていないといけない、だから今の低次元の医学は一度壊さないといけない、それが私の持論です。

○小2の時に書いた未来を予測した作文

今の医学・医療の問題点について、がんを例に挙げながら説明しましょう。

私は小学2年生の時に「20年後の僕、私」というテーマの作文に次のように書きました。「僕は医者になっている。がん患者のお母さんが『息子を助けてください、先生』と言うので『わかりました、私が治します』と言って、次の日に完全にがんがなくなって退院する」（要点）、と。この内容はあまりにもインパクトがあったので、学校新聞に載りました。

それで私が将来、医者になるという話が広まったのですが、その後、私は実際に医者になって、今、ほとんどその内容に近いことをやっています。

つまり、未来を予測するような作文を書いていたわけですが、それだけがん患者さんへの思いが強かったのです。

昔は、ほとんどのがん患者さんが家で「いい人生だったね」などと言われながら穏やかに息を引き取っていましたが、そんな時代の中で、私は、子ども心にがんを治せる医者になりたいと思ったのです。

以前は抗がん剤や放射線も一般的ではなかったので、ほとんどの人が辛い副作用を味わうことなく、がんを受け入れていました。

それが、現代医学の登場によって、がんを敵視するようになり、抗がん剤や放射線で叩いたり、手術するようになりましたが、患者さんにとってはそれが怖くてしょうがない、辛い体験であるから、がんは恐ろしい病気だと思われるようになったのです。

しかし、精神的な不安や恐怖がそれほど強くなければ、痛みはかなりコントロールできるのです。それなのに、今の医者たちはがんの疑いがあるとすぐに治療をしなければ危ないと、不安や恐怖ばかり植えつけるので、患者さんの細胞もイライラして痛みが出やすいのです。

もちろん、穏やかなケアを提供する緩和医療などはいいとしても、最先端医学の主流は、効果があるかどうかもわからない薬を使って、効く可能性が１％でもあるなら患者にどんどん投与すべきだと抗がん剤の乱用を続けているのが現状です。

マウスの実験で腫瘍が小さくなったという理由だけで、そのまま人間に使っているわけです。１００人に使ったら３、４人はうまくいくかもしれません。でも、ほとんどは失敗するのです。

それどころか、辛い思いをしながら、よけい体力が弱って寿命が短くなることで、それだけ幸福度が減るわけです。それなら、最初から何もしないほうがよほど良いでしょう。

緩和的な意味で手術で腫瘍を取るのはいいとしても、患者にはいかにも手術が必要なように医者が説明しながらも、実のところは、自分の腕を磨きプライドを満足させるため、自分の成績を上げるため、論文に書くために難しい手術をしたがるのは、全く患者本位の医療とは真逆です。

そもそもがんは、すでにどこかにできた時には目に見えないレベルでたくさん転移しています。目に見える段階だと相当進行しているので、そこだけ取っても仕方がないのですが、現代医学では見えるレベルだけを問題視し、患者さんの幸福度を犠牲にしても、検査で見つけてはそのたびに切除・叩くといういたちごっこを続けるしかないのです。

これが三次元医学の限界であり、一番の問題点です。高次元の神医学では、目に見えない細胞たちのエネルギーをキャッチして、がん細胞の気持ちを穏やかになだめてあげます。そうすれば、それ以上増えることなく、自然退縮していくのです。

反対に、がんを敵視して叩こうとすればするほどと、彼らは絶対に生き延びようとして、さらに増殖します。

そういう意味でいうと、血液検査、レントゲン、CT、MRI、シンチグラフィなどの目に見える画像だけに頼ったり、遺伝子という物質に頼る今の医学では、全く対処できないということです。

私の本を読んだり、セミナー・講演会・イベントに来られる医者たちも、そのことに気づいている人はけっこういます。でも、実際に現場に入ったら、ネコをかぶってこれまで通り現代医学のオーソドックスな治療を続けているわけです。

そんな人がほとんどなので、永久に変わりません。結局、権力構造が完全に崩壊しない限り患者本位の医療は広がりません。私はむしろ今の医学がないほうが、私たちの人間生活はもっともっと幸福になり、穏やかになって、長生きできると断言します！

私としては、今生が最後の地球人生なので、やっぱり最後は心地いい地球を見ていきたいし、自分ができることはやりきりたいのです。だからこのことを早く多くの人たちに知らせたいのです。あなたは、今の医学はあなたの健康のため、幸福な人生のためと思っているかもしれないけれど、実は「今の医療を受けないほうが幸せで、そのほうがあなたはもっと長生きできますよ！」と声を大にして言いたいのです。

○人間では人間を救えない!!

このことは、「人間では人間を救えない」ことを物語っています。

しょせん、地球のエリート程度では、教科書的なルーチンを学ぶだけで、患者さん一人一人の生命エネルギーに対してケースバイケースで的確に対応することはできないのです。

これが今の医学の真相です。なぜそう言えるかというと、私自身がその現場にいたから。さらに言うと、なぜ彼らはそれを知っていても自分たちで壁を破れないかと言うと、それ以外の世界を知らないからです。

本当のことを言ってしまうと自分たちの生きる場所がなくなってしまう、だからたとえおかしな実態に疑問を感じていても、結局、何も言えないんです。

ことほど左様に、人間は非常に弱い存在なのです。医学部で6年間勉強して、多少研修を積んだからといっても大したことはなく、勝手に周りがエリート扱いするから、本人もついその気になっているだけのこと。

そもそも、人間が人間を診る人間医学には限界があって、たまたま効いた人はいいけれど、実際にはほとんど効かない人の方が多いのです。効かない人は他の治療をして、どんどん身体が弱っていって、最終的には治らないことをいいことに一生薬づけで病院通いすることになります。ようするに、病院側にとってのカモになってしまうわけです。

彼らの常套文句は、「あなたは余命○年」「このままでは歩けなくなりますよ」「目が見えなくなりますよ」「足を切断することになりますよ」、そう言われれば、ほとんどの患者さんはそうなりたくないから黙って従うでしょう。

そこで他の医術に切り替える人はまだしも、同じ医者に従ったままに昔の人のようにそこに生命エネルギーの視点がなければ、結局は同じことです。

本当の救いは、人間の生命エネルギーを高めることです。そのためには、人間が人間を診る医学ではなくて、高次元の視点から人間を診ていく高次元医療が必須です。

あまりにも低次元の人間医学が蔓延《はびこ》ってしまったために、もはや人間は救えなくなっています。

○イエスマンでないと医療業界で生き残れない

ようするに、人間医学では人間を救えない‼　そこで神ドクターによる神医学の登場です。

私から見たら、人間は今の医学知識で対応できるような簡単な、単純なものではありません。

まして、今の地球には、高次元の視点から一人ひとりのエネルギーレベルを正確に診られる神のような人はいません。なぜなら、人間である以上、誰でも個性や感情、欲望などのエゴがあるため、高次元の視点やエネルギーを持ち続けることができないからです。なぜエゴを捨てられないかというと、もっと豊かな生活をしたいとか、名声や権威づけがほしいなどといった欲があるからです。

私はその世界にいたからわかりますが、医学界は大学病院、市中病院、開業医というステータスや序列があって、一番権力を持っているのは大学病院の教授です。

大学病院でも、准教授（昔の助教授）と教授の間には、天と地ほどの差があります。教授はいわば白い巨塔の天皇的存在です。医局員はなぜ教授の言うことを何でも聞いて我慢するかというと、働く地位や環境がよくなるからです。

教授にかわいがってもらえると、条件の良い病院に勤務できるし、それだけ得があるからです。

医者が教授になるなど、地位を上げるためには、論文を書かなくてはいけません。世界的に有名な医学雑誌に論文が取り上げられるとポイントが獲得できるのです。そこでなるべくポイントの高い雑誌に掲載されたいために、一生懸命にせっせと論文を書くのです。

そのためにはユニークなトピックを作らないといけないので、動物実験や薬の有効性など、現場の臨床とは直接関係ないことに時間を費やすことになります。

その結果、どうなるかというと、患者さんが犠牲になるわけです。

それだけではありません。医師中心の社会構造は、厚生労働省の社会保険審査会などの組織運営にも現われています。

この組織は全部医者の下にあり、政治家や役人は医師会の票が欲しいがために医師会のトップ（地域のコミュニティーのトップであり権力者）の言うことを聞かざるを得ない縦割り構造になっています。

こんな忖度医学では、患者さんのためになるわけがありません。

患者さんからすると、大学病院の最高の医療が受けられると思っているけれど、実際には最高の犠牲者になっている、これが実態です。

ほとんどガチガチの頭だけで生きている人が多いのが、医学部や医大の大学教授。もちろん、中には教授でもハートがある人はいますが、それは極めて少数派。患者さんを助けるという愛情よりも、自分の権威や権力、地位へのこだわりがとても強くて、市中病院のドクターや開業医を低く見ています。

それに比べると、開業医は自由です。でも、開業医というのは、治療方法やクリニックの独立・運営などに関して大学教授の影響をモロに受けます。教授の教室から患者を紹介してもらったり、逆に自分が難しいケースを大学病院へ送ったりするツテがないとやっていけないのです。だから、普通の開業医は教授のイエスマンばかり。イエスマンでないと医療業界で生き残れないのです。

○神ドクターによる「神医学」が求められる理由

私は開業医ですが、全くそういうものとは縁がありません。

なぜか？　自分一人でやれる力があるからです。

どの都道府県であっても、そのようなコネに一切頼らない、イエスマンではないのは私くらいです。

しかも、これまでの医療とは全く次元が異なる、独自の医療を提供している、そんな私が抹殺されていないのは、今の医療業界の中ではまさに奇跡と言えるでしょう。

これは、私が普通の開業医とは違って、怖れるものが何もないからです。それは私が人間の領域を超えて、神々を修正する至高神のエネルギーを有しているからに他なりません。

誰に何を言われようとも、何も失うものがないというのは、そういうことです。

出る杭は打たれると言われるように、地球社会、特に日本、中でもピラミッド型の医学界はそうです。だからこのような本を誰も出せなかったわけですが、令和の時代に入っていよいよ私が出すタイミングが訪れたということです。

自分の保身や欲のために「医者」という肩書を持っているだけの人が、本当に救いを求める患者さんと対峙しても、真の救いは与えられません。

真の救いは、人間的なエゴを捨てた、捨て身の神次元からのアプローチ、つまり、神が成し得る高次元医療においてこそ可能です。

魂次元に対するアプローチは、アプローチする側が完全にエゴを捨てないとできません。

このレベルは、たとえ医者であっても個人的な感情を持っていてはムリなのです。

なので、はっきり言うと、私から見たら、私以外の医療従事者は全部中途半端です。

とはいえ、正直、これが地球でうまく妥協しないと生き残られない現状なのでしょう。

私のように88次元という神や高次元存在を超えるレベルでないと、一切の妥協を絶って、魂のエネルギーを変えることはできません。私があえて「神医学」と名づけたのは、そういう理由です。

神が成し得る高次元医学は、同時に、本当の人間の道、神が教える高次元人間学です。医学というのは、そもそも身体を診るだけではないからです。

これからは、従来型の細胞レベルでなく、生命エネルギーを診て、生命エネルギーの乱れを正す医療や学問が必要です。それは、これまで波動や振動と呼ばれてきた次元のエネルギーです（詳しくは後述）。

これが古い人間医学を超える、令和の時代にふさわしい神ドクターによる神医学です。

第2章

波動やエネルギーを診る神医学

○人間医学は脳でつくられたシステム

第1章では、目に見える物質レベルにしか対応していない今の人間医学の問題点や限界について述べました。

次にこの章でお伝えしたいのは、そうなってしまった原因についてです。結論から言えば、「人間医学は脳でつくられてきたシステム」だということです。

こうあるべき、こうなるべき、がんは敵、病気は悪、死は悪、etc.。これは脳によってつくり出された集合意識（常識や固定観念）であって、高次元から見たらとても次元が低いエネルギーです。

医者も患者も、ほとんどの人がこの集合意識の中で生きてきたわけです。集合意識というのは、脳内に刷り込まれた共通の思い込みに過ぎません。

ところが、それを多くの人が当たり前のように〝常識や固定観念〟として持っているために、全く疑いもせず、自分たちが脳に縛られていることに気づいていません。これを〝ガチ脳〟と言います。

つまり、集合意識によって「病気は悪いもの」と捉え、だから「病気をなくしたい」「絶対に病気に勝たなければならない！」と指令を出す脳の訴えに振りまわされているのです。

私の診療所にも「先生、がんをなくしたいんです！」とやって来る人がいます。そこで私がその人のエネルギーを診ると「がんでいたい」と読み取れます。

でも、本人はそれに気づかないまま、脳で「がんは悪いものなので何としても消さないといけない」と思い込んでいる。これが脳の訴え、脳意識です。

ところが、魂のシナリオには「病気になることで、そこで気づいて学ぶ」と決めている、ようするに、本人が病気になりたいから病気になっているだけなのです。

この魂のシナリオにアプローチするのが、高次元の神医学です。

魂次元にまでアプローチする神医学からすると、病気は決して悪などではなく、本人が決めていることであって、魂の進化・成長のためにはなくてはならない必然の出来事です。

この考えはとても重要で、これまでの人間医学とは全く認識が異なります。つまり、低次元の脳意識ではなく、高次元の魂意識を扱うのが神医学なのです。

いくら頭で「病気をなくしたい」「病気があるから不幸だ」などと思っていたとしても、

魂意識では、本人は病気をずっと持っていたい、もっと病気になりたいと思っています。

そこで、神医学では、脳の訴えには耳を貸さず、がんをなくしたいと思っている人に、魂は本当は「もっとがんでいたい」と思っていることに気づかせます。なぜなら、そうなったのはすべて自分の魂が望んだ結果だからです。

この世は、自分が選んだことや望むものしか体験しない世界です。例えば、脳では「お金持ちになりたい」と思っていても、現実が貧乏のままであれば、魂は「貧乏でいたい」と決めているということです。

このように、自分の身の回りに起きていることとは、すべて自分の魂の望みが全部創り出しているのです。そういうところをしっかり認識してもらうのが神医学（神学）の基本であり、これが真の救いにつながる本来の医学です。

無理やり病気を抑えつけたり、取り去ったりするのは本来の医学ではありません。人間を再生する、生まれ変わらせるのが医学であって、神医学が脳意識ではなく魂意識にアプローチするのもそのためです。

神医学では、脳には全く関与しません。関与するのはあくまで宇宙の叡智です。そして、その宇宙の叡智を受信しているのは、私たちの脳の中心にある松果体です。

○宇宙の振動波（叡智）を受信・変換する松果体の働き

ここで、宇宙の叡智（高次元エネルギー）を受信する「松果体」の働きについて簡単に説明しておきましょう（詳しくは後述）。

まず、生命の本質は、右回転の螺旋《らせん》エネルギー（振動波）です。

一般的に「人間」をイメージする時、その人の顔や体の特徴、性別や年齢、性格や能力などを含めて想像するでしょう。

そこに国籍や、職業などのさまざまな区分まで加えて想像する人もいるでしょう。しかし、目に見えるそれらの情報は、残念ながら人間の本質からは程遠いものです。

ここでぜひ皆さんに知っておいてもらいたいのが、人間の本質とは何か？です。

人間とは、超高次元のある地点（私はその地点を「ゼロポイント」と呼んでいます）から発生する右螺旋のエネルギーそのものなのです。

超高次元から発せられた螺旋振動波は、上から見た場合には「円」となり、横から見た場合には「波」となります。そして、身体に入る前の螺旋振動波を「宇宙の叡智」＝「宇宙ソウルウェイブ」と呼びます。

この宇宙ソウルウェイブの発生した当初のエネルギーは無限大に高いものです。それが地球に近づくに従って、だんだんと低くなります。

そして、人間の脳の松果体は、その「宇宙の叡智」＝「宇宙ソウルウェイブ」の受信・変換器であり、受信したエネルギーを「身体の叡智」＝「身体ソウルウェイブ」に変換します。背骨の中には、その「身体ソウルウェイブ」が流れているのです。それがまさしく人間を生かしているのです。

松果体の働きについては、古代ギリシャの時代から注目されており、デカルトも「人が筋肉を動かすときには血液から造られる『精気』を脳から送り込む。そして、脳の中心にある松果体にこの『精気』が集まっていて、ここから刺激に応じて各筋肉へ送っている」などと述べています。

また、インドのシバ神などの額には「第3の目」が描かれているように、神話の時代から第3の目と呼ばれてきた松果体は、光の受信器官としての未知の働きがあることが知られていたのです。

つまり、人間の本質は、受信した宇宙の叡智を松果体を介して身体の叡智として取り入れる目に見えないエネルギー、すなわち魂意識にこそあるのです。

この魂意識が、その人自身の人生と身体のシナリオを自分で選んでいます。

魂意識エネルギーは、自己のエネルギーの乱れを修正し、その振動数を上げるために、様々な人生の問題と、病気や事故など身体の問題を持つ人間個体を、最高傑作の課題として選びます。そこに「良い」も「悪い」もありません（詳しくは第6章で詳述）。

ところが、現代地球社会と現代地球医学（人間医学）においては、地位や職業、性格や能力、健康や病気、検査データなどを常に「良い」「悪い」で判断するので、あらゆる価値観の中に「良い」「悪い」が存在しています。

一方、高次元社会・神医学においては、それらのすべてを「善」と見なすことから、神医学からすると、現代地球社会や人間医学はとても次元が低い世界だと言えるのです。

○病気は学ぶ機会であって、悪ではない！

神医学からすると、私たちが人生や身体に問題を持つ理由は、そのことによって気づきや学びを得て、自分の魂意識を修正して振動数を上げるため、つまり、魂を進化・成長させるためです。

人生の悩みや困難、または身体の症状や病気は、細胞の高次元ＤＮＡにシナリオとしてもっている状態です。なので、ＤＮＡを修正し、書き換えることによってその人の振動数が上がり、それが進化・成長につながります。

魂意識エネルギーの振動数が上がると、何をしても、何が起きても「楽に愉しく」生きられるようになります。

その鍵はやはり松果体にあります。松果体を活性化させることで、細胞の高次元ＤＮＡの乱れが修正されると同時に、本来の人生や身体のシナリオ通りに生きられるようになるからです。

さらには、私が介在すると、望む人生と身体のシナリオを書き加えて、新しいシナリオを創造することができます。そうなると、さらに松果体は活性化し、自己の高いレベルの魂意識エネルギー振動数とつながることができ、「生きる」目的である魂意識の修正と進化が可能になるのです。

ですから、病気は悪ではなく、持っていないとダメなのです。病気がなくなったら学ぶ機会がはく奪されてしまうのです。必要がなくなれば、自然に消滅するのです。

このように、脳意識と魂意識では病気の捉え方が逆転します。

これまでの地球は、魂意識が封印され、脳がつくり出したシステムによってコントロールされてきました。この世のエリートと呼ばれる医者などはその最たる者で、ほとんどがガチ脳です。

だから、患者も、何か問題が起きると、「なんて不運なんだ」「自分はなぜこんな病気になったんだ」「早く治してもらいたい」ともがくしかないのです。つまり、自分（脳）の思い通りにいかないことは、他人や周囲のせいにしたり、医者に依存してしまうのです。

しかし、魂意識の振動数を上げるためには、その困難さを通して気づき、学ぶしかありません。そして、最終的に「すべて自分で選んだもの」という境地に至るのが魂の進化です。

そのためには、まず、今の人間医学のシステムの考え方、すなわち、病気は勝手になるもの、不運でなるもの、なくすべきものという考え方を根本から変える必要があるのです。

そこに留まっている限り、低次元のままずっともがき続けるしかなく、そこで気づかないと、楽に愉しく生きることもできません。

むしろ、病気にはなってもいいんだ、なるべきなんだ、病気になるのは宇宙からのギフトなんだと、自分を称《たた》え、誇りに思えるようになると、いつの間にか勝手に病気の方からいなくなってくれます。本人が気づいたら、学んだら、もうその必要がなくなるのです。

次から次へと同じ問題が起きているのは、気づいていない、学んでいないということです。それが一人ひとり、気づきや学びが起きてくるとみんなが宇宙とつながってきて、もう同じ問題は起きず、もがく必要もなくなってきます。

ようするに、私がこの本で一番言いたいのは、「病気になる原因は一つしかない」ということです。

人間医学からすると、病気の原因は、ウイルスが来たから、不摂生な生活をしていたから、心が病んでいたから、悪い電磁波を浴びたから、食生活が悪いから、運動不足だから、高齢だから……。

実際には、そうではなく、魂が望んだからです、それしか原因はありません。あなたの魂が望んだから、病気になるＤＮＡを選んできたのです。

もちろん、病気だけではありません。人からいじめられた、失敗した、急死した、それも全部自分のシナリオで選んだ結果です。

○あなたの現実はあなた自身が望んだ結果

あなたの今の現実はあなた自身が望んだ結果である、まずこのことを受け入れることが大事です。

それだけで、病気に対しても向き合い方が変わります。そして、何か問題が起きるたびに、「私はこれから何を学ぶんだろう？」と捉えられるようになります。

すると、どんなことも受け入れられるようになって、不安や恐怖が減り、過去や未来への囚われがなくなります。

そうしたら、あなたは今この瞬間が最高になって、いつ死んでもいいと思えるようになるでしょう。これこそ、本当のポジティブ思考です。

「いつでも今が最高！」これが神医学の重要なポイントです。

自分に起きることは魂が望んでいたことと理解している人は増えてはいますが、それでもいまだに「病気は悪」という集合意識が強過ぎて、病気はギフトだとは捉えられない人が多くいます。

今回、私があえて神医学に関する本を出すことにしたのも、病気の本当の原因を知り、病気はギフトだということに気づいてもらうためです。

もう一つ、人間医学の常識を打ち破らなくてはいけないのが、「医者の言うことは絶対、間違いない」という思い込み、集合意識です。

普通の医者は、人間であって、神ではありません。人間医学でも、建前では「医師と患者は対等」といっていますが、実際にはそうなっていないことは誰が見てもはっきりしています。医者が絶対的な力を持っていて、患者は医者の言うことに従うしかないというのが一般的な関係です。

これは、脳意識がそうさせているのであって、魂次元では本当はみんな対等です。なので、たとえどんな病気であっても、本来はそれを自分で望んで体験しているので、自分の気づきや学びによって自由にコントロールできるのです。

ようするに、自分の症状や病気に関しては、自分が最高のドクターなのです。ということは、医者に治してほしいといっても、治してもらえないのは自明の理でしょう。

ところが、今の人間医学の医者たちは、そういう時に「一時的に治った感覚」を植えつけます。これをプラシーボ（偽薬）効果ともいいます。自分が優位な立場から指示し、「こうすれば治りますよ」と告げることによって、患者は治ったように思い込みます。そこで助けた偉い医者と助けてもらった弱い患者という主従（依存）関係がつくられるのです。

そもそも、医者が患者の病気を治してやるというのは、大きな勘違いです。患者以外の他人が患者の病気は治せません。本人の病気や症状を治す、解決できるのは、自分の魂意識の気づきか、学びしかないのです。医者が治すというのは傲慢《ごうまん》であって、彼らが治すというのは、ただ抑えつけるか取り去るだけです。

手術を受けるシナリオを選んでもいいですが、依存型のやり方だと本人の気づきや学びの機会が奪われて、魂の成長からするとそれだけ遠回りすることになります。

特に令和になってからはエネルギーがどんどん高まっているので、早く気づいたり、学べるチャンスがあります。その意味で、今は最短で魂意識の振動数を上げられる時代です。だからこそ、私は最短で進化できる高次元の医療システムを提供しているのです。

ようするに、今の医者は脳ばかり使っていて、魂次元は全く理解できていない、それゆえ一人ひとりの患者さんの気づきや学びをサポートすることはできないということです。

病気を診断するのも脳であり、治療方法もプロトコールも使っているのは脳意識だけ。でも、脳では魂は救えないのです。

○今の医者は患者にとってただの邪魔者でしかない

本来、医者は患者本人が気づいたり、学ぶためのプロセスのサポート役です。それなのに、今の人間医学は、患者の気づきや魂の成長に関してデストロイヤー（破壊者）役になってしまっているのです。

もちろん、身体や心の問題に関して中には助かっている人もいますが、一時的によくなったとしても、よけいもがく人や苦しむ人が多すぎるのです。

今の現代医学のやり方だと、例えば10割の中の3割の人は恩恵を受けたとしても、4割は恩恵を受けていません。それでも薬の副作用などで絶対治癒力や生命力は下がるので、あとの3割は現代医療のせいでよけいもがくことになります。

そしてその結果、症状が悪化しても、「歳だから仕方ない」「あなたの持病だよ」で終わらせられてしまいます。ということは、たまたまその治療に効果があってよかったと思うのは、10割のうち3割に過ぎず、あとの7割は受けない方がよかった、これが真相なのです。

言い過ぎかもしれませんが、これは本当のことだから誰かが言わないといけません。いずれにしても、医者が絡まない方が、本当は患者が自分で気づいたり、学ぶことができるのです。それを結果的に邪魔しているのが「お偉い」医者たちなのです。

今の医学のままでは、患者にとって医者はただの邪魔者でしかありません。ただ、主従関係や依存関係がやめられない約3割の人には、彼らがまるで神様のように見えるだけのことです。

一方、神医学からするとどうなのか？

医者と患者のどちらが偉いかと言ったら、実は患者のほうが偉いんです。これは私しか言わないことですが、医者は、あくまで症状や病気と本人の魂意識をつなげるだけ。症状や病気についての治し方は、患者自身が知っています。

高次元の目から見て私がはっきり断言できるのは、患者さんは自分で体験をしながらシナリオを生きて、そこで気づいたり、学んだりすることを魂意識で選んできているということです。

ですから、医者は、それをサポートしながら見守るだけでいいのです。

「こうしなさい」「こうしないとダメですよ」などと決めつけるのではなくて、専門的なアドバイスだけして、あとは患者に選択させるのがこれからの医学です。「○○しないと死ぬよ」「○○できなくなるよ」という脅しはいい加減もうやめなくてはいけません。

身体を救う、心を救うのも大事だけれど、それを飛び越えて、これから一番やらなければならないことは魂を救うことです。しかし、脳を使っている限り、古い低次元の集合意識にコントロールされている限り、それはできません。

一方、高次元の神医学では、脳を介さないので直接、魂次元へのアプローチが可能です。そこには過去のセオリーや屁理屈は一切必要ないのです。

必要なのは、宇宙の叡智や身体の叡智をキャッチする直感です。つまり、医学書に書いてあることをやるのでなく、今その人の魂意識が何を求めているか、どんなエネルギーが必要なのかを直感的にキャッチしてサポートしてあげる、これが神医学です。

なので、直感医学とも言えます。エネルギーという目に見えないものを扱うので、従来のような問診時間も検査も何もいりません。

これまでの医療は、問診で、いつ何が起きて、どのような経過をたどり、今どのような症状かを聞き取り、既往歴や今どんな薬を飲んでいるか、どんな治療をしているか等、全部の情報を取った上で、それに対する治療法を選んでいました。

しかし、神医学では、今、患者が魂で何を求めているかだけを知ればよくて、どういう症状か病気かを全く知らなくていいのです。

もちろん、患者さんは堰（せき）を切ったようにワーっワーっと自分の症状について話し出します。そこで私は、はっきりと「あなたはもう話さなくていいですよ」と言います。「私は情報が入るとよけいバイアスがかかって、ピュアに診療ができなくなります。宇宙とつながるので、あなたが望んでいることは自動的に修正されるから」と。

○神医学ドクターは宇宙のエネルギーを降ろすだけ

人間医学は患者のことを全部知りたがるのに対して、神医学は何も知らなくて良いのです。ただ高次元のエネルギーを感じることによって、自動修正される世界です。

人間医学の医者は、頭でああしよう、こうしようと、何とか自分の力で患者の症状や病気を改善しようと試みます。なにしろ、彼らにとっては患者の延命が最優先課題であり、死は敗北だからです。

それに対して、神医学のドクターはそのようなことは何もせず、宇宙からその人に必要なエネルギーを降ろしてくるだけです。そうすると、宇宙の叡智、高次元エネルギーによって勝手にその人が最適化されます（詳しくは次章で解説します）。

つまり、神医学は波動で診る、気やエネルギーといった目に見えない精妙な振動数の世界です。そもそも江戸時代まではそれがスタンダードな癒しの技だったわけですが、気やエネルギーといったものが江戸末期に抹殺されてしまいました。それを今こそ呼び覚ますのがこれからの高次元医学です。

しかも今は、量子論や宇宙論の観点から、見えない世界の構造や働きが少しずつわかってきていることから、新たなエネルギーレベルの医学・医療が求められています。それこそが最先端の医学と言えるでしょう。

見える世界をいくらいじってみても、見えない世界の働きを知らなければ、単に物質の入れ替えに過ぎず、根本的には何も変わりません。

例えば、細胞が腫れている、熱を持っている、水がたまっている……それを無理矢理、腫れや熱をひかしたり、水を取るだけでは根本的には完治しないわけです。そこで腫れを起こしている振動数の乱れの原因はなんなのか、熱を起こしている波動の乱れはなんなのかというところが着眼点であって、その波動・振動数を修正するには何をすべきかというのが、これからの医学です。

つまり、目に見えるものをいかに改善しようとしても、それをつくり上げている目に見えないエネルギーが乱れたままなので、すぐに無力化します。

一方、目に見えない世界としっかりつながって、そこから高次元のエネルギーを取り入れることによって、目に見える世界が瞬間的に変わってくるのです。

○神医学のドクターは私利私欲を持たない

神（高次元）が与える知識・情報は、ただエネルギーとして与えるだけです。それを無私の状態で仲介するのが神医学のドクターの役割です。

神の視点で高次元とつながれるのは、私利私欲や個人的な感情がないからです。つまり、三次元の人間医学と神医学の違いは、それを実施するものに私利私欲があるかないかです。

高次元は人間にエネルギーを与えたらハッピーになるとわかっているから、そのような情報しか降ろさない、すなわち私利私欲が介在しない、この点が人間医学との最も大きな違いです。

ようするに、低次元の脳の範囲内で行われる三次元の人間医学に対して、私利私欲が一切介在しない高次元の世界で行われるのが神医学だということです。

そこで神医学のドクターは何をするかというと、患者さんが望む「なりたい自分」「成功した自分」との入れ替えをエネルギー的にサポートします。

具体的なやり方については後述しますが、これが本来のエネルギー医療です。神医学の臨床現場ではそれを一人ひとりの患者さんに実際に体験していただきます。

そして、人間医学と神医学の大きな違いの一つが、患者さんに対する同情はいらないということです。

今までの医療では、医者は患者に同情するのが当たり前で、患者を自分の家族のように思って診療しろと言われてきました。「病気は悪いもの、だから可哀想」「こんな病状に見舞われてしまって不運」などと同情するわけです。

ところが、病気は本人が決めてきた成長のための機会だとわかれば、医者は患者さんに対して同情する必要はなくなります。それどころか、「あなた、あなたがなりたくて病気になってるよ。あなたはハッピー、幸せなんじゃない」と言えるのです。

実際、私が患者さんの魂を見たら、病気になったことを喜んでいます。だから、その病気を選んだ魂のシナリオと勇気に対して「あなたはすばらしい、勇敢ね」「こんな病気になってえらいですね、勇気がありますね」と称えます。

このように、脳での同情ではなく、その人の魂を称える、これがこれからの医学です。

神医学からすると、本人が望んで、そうなりたいから病気になったということを尊重します。このことを知るか知らないかで、健康面だけでなく、人生のあらゆる面において天と地の差があります。

つまり、人生のいい事も悪い事も本人の魂が望んでいるから起きるわけです。人に騙《だま》されて倒産するとか、事故に遭ったり、若くして死ぬといったことも自分で選ばないことは体験しないのです。

自分のシナリオは自分でしか選べない。ということは、今直面していることは自分で選んだことだという自覚が持てるわけで、自分で選んだのであればそのシナリオを変える自由もあるということです。

○見えないエネルギーレベルの高次元DNAに働きかける

病気を悪と捉えているとどうなるか？

私が高次元とのコミュニケーションによって得た情報やこれまでの経験からすると、不幸になりたい人、早く死にたい人ほど健康診断を多く受けていることがわかります。よく頻繁に病院に行く人も同じで、不幸になりたい人、早く死にたい人ほど何度も病院に出入りしています。

これは、医者も患者も病気を悪と思い込んでいるために、ほとんどの人が振動数が下がって、より不幸の連鎖が起きてしまうということです。病院に行って助かっているのはせいぜい3割程度に過ぎません。

そもそも、薬とは何かというと、固有の波動、振動数です。それぞれの薬には化学成分があり、それぞれの化学物質が固有の振動数を持っていて、それらが合成されているのがある特異的な薬です。

つまり、特異的な波動数。それはどのような働きをするかというと、身体の炎症やがん細胞などを抑えつけるのが役割です。強制的に振動数を抑えつけるだけで、決して病気がなくなるわけではありません。

気をつけないといけないのは、薬を飲むと痛みが消えたり、腫れがおさまったりしますが、それは治ったわけではなくて、一時的に抑えているだけだということです。

症状というのは、身体の振動数が本来の振動数から外れたところに現われます。これは、本来の振動数からズレているよという気づきを促すサイン、シグナルです。

それを無理やり抑えつけるのではなくて、本来の振動数に戻すのが本当の医学、すなわち気づきと学びであり、そのためには、振動数を発生させている大もと（源）であるＤＮＡに働きかける必要があります。

つまり、魂意識がＤＮＡにアプローチすることで元々の振動数から変えていくのが、神医学です。

今の医学は、振動数をむりやり薬の振動数で抑えつけて、見かけ上普通の振動数に見せているだけ。治ったように見えるけれど、元々の発信源のＤＮＡは変わっていないので、振動数も本来の状態には戻っておらず、だから一生薬を飲み続けないといけないわけです。

まさに「モグラ叩き」です。

このように、薬は治すものではなくて、隠すものなのです。その時、一旦隠されれば細胞も落ち着くので、一見治ったように感じるけれど、必ず再発します。

根本的に治す＝本来の振動数に戻すには、ＤＮＡに働きかけること。根本的な振動数の発信源、波動の発信源を修復しないとダメです。

ＤＮＡに働きかけるというと、遺伝子操作？と思われるかもしれませんが、実は物質的なＤＮＡ以外に、見えないエネルギーレベルの高次元ＤＮＡがあり、そちらに働きかけるのが宇宙の叡智を取り入れる神医学です。

例えば、肝臓の病気を起こすＤＮＡ（遺伝子）があって、そこが悪い波動を出して肝臓病になった場合、手術で肝臓を取ったらいいと思うかもしれませんが、波動は情報を持つエネルギーです。だから臓器としての肝臓を取り去ったとしてもエネルギー体としての肝臓は悪いままなのです。

これは他の細胞や臓器でも同じで、片足を切断した後も、切断されて失った足に痛みを感じる幻肢痛と呼ばれる現象があります。ないはずの足がエネルギー体では「痛い、痛い」と感じているのです。

それと同じで、たとえ身体の一部を取り去ったとしても、目に見えないエネルギー体、高次元ＤＮＡは存在しているということです。目に見えるＤＮＡだけ取っても、目に見えないＤＮＡはそこに残る、これが神医学です。

この点が誰もわかっていないし、今の医者たちも全くわかっていません。

第3章

低次元の人間医学から高次元の神医学へ

○低次元の人間医学がまかり通ってきたわけ

私が行っている神医学について詳しく説明する前に、なぜこれまで低次元の医学がまかり通ってきたか、その根本的な理由について述べておきましょう。それがわかれば、なぜ高次元医学がすばらしいかも理解できます。

端的に言うと、今の人間医学が低次元に陥ってしまった理由は、人々が高次元とつながりをなくしたためです。

医者も患者も高次元とつながっていないために、医学だけでなく、物質次元の脳がつくりだした常識や集合意識によって、何をするにしても、ガチ脳で判断・実行するしかなかったのです。

これが、地球人が低次元社会の中でもがきの輪廻《りんね》をくり返してきた理由です。

医学だけでなく、教育や福祉、政治や経済等々も同じで、エリート層と呼ばれる人たちのガチ脳によって現代社会が支配・コントロールされてきたために、高次元のエネルギーが得られなかったのです。

つまり、最も地球人の集合意識をコントロールする能力をもつ存在（いわゆる「闇の勢力」）たちが、低次元のエネルギーグリッドを作り出したことで、高次元とのブリッジが切断されていたのです。

そのため宇宙の叡智を受けることができなかったために、ほとんどの地球人が脳意識だけにとらわれていた。だから、医学に限らず、地球上のあらゆる分野が低次元の状態に置かれていたということです。

このような状態を続けている限り、いつまでたっても地球人の魂は進化・成長できません。

私がこの本を出す意味は、一人でも多くの人と宇宙の叡智をつなげて、魂を進化・成長させること、そして神学・神医学を通じて本来の自分を取り戻し、もうもがかずに楽に愉しく生きることができるようにするためです。

楽に愉しく生きるには、本来の自分を想い出す必要があります。本来の自分というのは、脳意識ではなく、自分で決めている魂のシナリオを設定した魂意識のことです。それは、魂の進化・成長のために自分はどんなシナリオを選んでいるのか⁉　を知ることから始まります。

魂のシナリオはＤＮＡに刻まれていますが、ＤＮＡの状態がシナリオ通りいけばいいのですが、低次元の地球社会に生きているとどうしてもいろんなバイアスがかかって、その魂のシナリオ通りに自分を成長させられないことがあります。

そこで、シナリオ通りに自分を進化・成長させるためには、松果体を通じて宇宙の叡智を通すことでＤＮＡの調整をする必要があります。それを瞬時に行うのが神医学です。

これはこれまでの三次元の医学とは全く次元の違う神学であり、医学です。そのために、私はこれまでの古い人類の常識や集合意識を壊して、全く新しい高次元の視点から症状や病気の意味を説いているのです。

病気は、高次元の視点から捉え、体験を通して学ぶことによって、いつの間にか自然になくなっていきます。この点が、これまでの三次元医学とは全く違います。

○病気をなくしても決して幸せにはなれない

というわけで、次にこれまでの人間医学と高次元の神医学の違いについて具体例を挙げながら説明していきましょう。

まず、今述べたように、症状や病気に対する捉え方が１８０度違います。

くり返しになりますが、三次元の人間医学は、自分の魂意識と関係なく、たまたま運悪く外因によって生じたもので、「病気は悪だから排除しよう」とします。

そこで、病気になった人（患者）は、「医者は病気を治してくれる人」だと勘違いし、医者も「患者の望みを叶えてあげないといけない」と思い込んで、現代西洋医学を駆使して対応します。

実際、患者の多くは、医者に対して「しびれを取ってほしい」「痛みを取ってほしい」「めまいをなくしたい」「この病気を治してほしい」「がんの再発を防ぎたい」等々と訴えます。

そういう人の中には、「痛みさえなければ自分は幸せなのに」とか、「痛みのせいで不幸のどん底に落とされた」などと痛みが諸悪の根源だと捉えている人も少なくありません。

そこで、現代医学の投薬、手術、放射線などによってその痛みを取ったとします。ところが、痛みを取ったら幸せになるかといえば、決してそうではありません。痛みがなくなったら、必ず次に薬の副作用の問題を訴えてきます。

つまり、痛みがなくなったら幸せになるかというと、本当はそうではなかったわけです。

痛みがなくなっても自分は幸せとは感じられない、そうすると、今度は薬のせい、それでも幸せが得られないと「○○が悪い」と、どんどん自分を不幸にさせている原因の範囲を広げていきます。

体調が良くならないから、お金がないから、収入が低いから、家族がやさしくないから、友達がいないから、恋人がいないから、人間関係が良くないから、社会的地位が低いから等々、自分以外の何かをひっぱってきて、常に不幸の原因探しをします。

ようするに、自分が幸せを感じられない原因を、誰かや何かのせいにし続けるのです。

そういう人は「私は最高だ！」という時がありません。常に何らかの不平・不満を抱えていて、自分が自分の現実を創り出していることに全く気づいていません。これが高次元とつながっていない脳意識の一番の問題点です。

にも拘わらず、今の人間医学は、その人の痛みを取ってやることが一番重要であり、それが本人の幸せにつながると思い込んでいるのです。それゆえ、たとえ根治しないことがわかっていてもやみくもに対症療法を続けてしまいます。

その結果、患者自身の治癒力が低下していき、その病気は成長のための課題として自分が選択した結果だとは気づかないままあの世に行くのです。こうして地球人の魂の成長が得られないまま、同じようなことが世界中でくり返されてしまいます。

これが、もがきの悪循環の理由です。

○病気は魂が成長するための貴重な体験

一方、高次元の神医学では、「病気は魂が成長するための貴重な体験」であり、それは患者自身の魂意識が選んでいることを知っているので、神ドクターとしては患者の脳の訴えはあえて無視します。

なぜなら、前述したように、脳で生み出される意識は、常識や固定観念でできた集合意識をろ過した感情に過ぎないからです。それは本当の自分でなく、他人の影響下にある「自分」であって、脳がつくり出した虚像、ようするに、本当の自分から見たら赤の他人なのです。

そんなものをいちいち聞いていても仕方ありません。本当に大事なのは魂のほうです。

本当の自分は魂意識です。魂意識は、脳を通過せず、高次元宇宙から松果体を通ってダイレクトに全身細胞やハートにつながります。神医学が魂意識にアプローチするのはそのためです。そこで最も重要なのは高次元のエネルギーを降ろすことなのです。

ところが、宇宙の叡智や魂の仕組みがわかっていない低次元の人間医学では、患者も医者も脳の訴えに振りまわされてしまうのです。

まとめると、こういうことです。

・人間医学の一番の問題は、人間の脳が望んでいることを実現させてやろうと思っていること。

・人間医学の次元の低い、幼稚なところは、「病気は悪、だからなくそう」とすること。そして、「病気に勝つこと」が人間にとっての幸せだと思い違いをしていること。

・神医学は、神の視点、高次元の視点から患者の魂を診る。

・神医学は、高次元の視点から、その人の魂が本当に望んでいることをサポートすること。そしてそのために、宇宙の叡智とつながって松果体を活性化させる。

ここまでの説明で、人間には2つの側面があることがおわかりかと思います。

1つは、脳次元の自分です。これは、病気や何か困難な問題が起こると、自分以外の何かに責任を転嫁する〝ずるい自分〟です。

このずるい自分は、「痛みがなければ幸せになる」とか「不幸の原因は○○だ」と外に原因を求め、本来の自分（魂）を振り返ることがないので、気づきや学びが得られません。もう1つは、魂次元の自分です。この本来の自分は、痛みを体験することで怒りを鎮めたり、心を平安に保つことを学んだり、高次元や他者に生かされていることに気づくなど、痛みや困難な課題を克服することによって魂を成長させます。

この２つのどちらが本当の自分かを知ることによって、もがき続けるか、それとも楽に愉しく生きるかの違いとなって現われます。

○ウイルスもエネルギー。エネルギーには良いも悪いもない

脳次元の自分のままだと、今の人間医学の常識に従うしかなく、微生物やウイルスに対しても「悪玉」扱いして退けるしかないので、そこには魂次元の学びは何もありません。

ちょうどこの原稿を書いているときにも（２０２０年3月頃）、新型コロナウイルスの感染が毎日マスコミを賑わせています。誰もが新型ウイルスを悪者扱いして、世界中で外国からの感染者の入国を拒んだり、治療薬の開発にやっきになっています。

このままでは、おそらくこの本が出版されている頃もまだ騒ぎは収束していないでしょ

う。もし一見収束したかに見えても、そこに学びがなければ、また新種のウイルスによって世界的な感染症が蔓延することになると思います。

裏で闇の勢力が動いているにしても、人々が覚醒して、地球人類の魂次元が上がらなければ、同じことをくり返すことになるからです。

いずれにしても、高次元の視点から見ると細菌やウイルスもエネルギーですが、元々エネルギー的に悪いエネルギーというのはありません。悪役なのです。

あくまで、それが必要だから存在していて、一見悪いことのように見えても、それを体験することが人類の魂の成長にとって必要だから起きているのです。

病気も事故も災害も、自分が体験するものはすべて魂が望んだことであって、普通は生まれる瞬間に自分が選択したことを忘れてしまっただけです。

ですから、高次元の神医学では、「その人の学びの体験を奪ってはいけない」というスタンスです。それはどんな病気に対しても同じです。

ようするに、病気をなくすのではなくて、その貴重な体験をご本人が味わいつくせるように「あなたはすばらしい。だからもっともがきなさい」と患者さんの魂にエールを送るのです。

そうすると、結果的に、「先生、そういえばいつの間にか症状がないです」。例えば「目まいがしなくなりました」と言ってくる患者さんがほとんどです。

ようするに、学びつくしたら症状は自然に消えていくのです。

病気は悪、不幸の原因と思っている人は、症状ばかり気にしているので、症状がなくなる瞬間を体験することができません。それは症状に執着しているからです。執着しているとよけい症状を持つことになって、症状がずっとそこに留まります。

なので、私はそんな患者さんに対して、例えば「痛みは持っていいんだよ、あなたの魂が選んだことだから。だからもっと痛みなさい」と告げるようにしています。

すると、病んでいる人が、「痛みがあってもいいんだ」「がんでもいいんだ」と症状や病気を受け入れて、許せるようになるのです。自分が痛みを持っていることや病気であることを忘れる時間が出てきて、いつの間にか痛みがなくなっていたり、症状がなくなっていきます。これが魂の本質です。

高次元では、自分が病気を作り出し、進化と成長をするためにあえて望んで持ったものだとわかっているから、学び終えると自然に収束する。だから、病気をなくすのではなくて、そのまま思い切り体験させて、気づきと学びが生まれるところまでとことん体験させてあげる、これが神医学の視点であり、基本的なアプローチです。

○今の医者が次元アップすれば人類が救われる

高次元の神医学は、魂次元へのアプローチなので、三次元の医学のように人間レベルの存在が人間を診ることはできません。

魂レベルの修正なので、神の視点、宇宙の高次元の視点を持っていないと、人を本当に癒やせないし、エネルギーそのものを修正できないのです。

神の視点とは、この世、地球に存在しながら神の次元のエネルギーを保持しているということで、その高次元エネルギーを自由自在に降ろせるのが神ドクターです。

そんな私から見たら、人間医学のドクターたちは低い次元とつながっていて、医者も患者も低次元のエネルギーのやりとりしかしていないので、まるで幼稚園児のままごとであって、それでは何も救えないのは明白です。

薬で抑えつけたり、悪いものを取ったり入れ替えたりして、一見症状をなくすことだけです。症状をなくしたら気づきや学びは得られないというわけではないですが、ただやみくもに対症療法を続けることはすごく遠回りになるのです。

ようするに、自分が進化・成長をするためにエネルギーを上げられる環境にいるのに、すごく遠回りで、さらにもがきが強く、長くなる、ということです。

そこで、なぜ私が今回神ドクターとして出現したのかというと、医学を含めて、「地球人類が最小のもがきで最大の気づきと学びを得る」ことができるようにするためです。これは、令和という新しいレムリアの時代の幕開けにふさわしい神学です（『神ドクター』参照）。

最小のもがきで最大の気づきと学びを得るためには、今の三次元医学のほとんどがいらないし、そのほうが人間の進化が早まります。

最低限、肉体を維持しなくては意味がないので、今の地球人には救急医学と重症の感染症に対する医療は必要ですが、物質的な価値観に基づいた医学や、生活習慣に起因する症状や病気に対する対症療法は、むしろないほうが人間の進化を促します。

なぜなら、今の三次元医学が人間の人生に介入すると、魂意識を封印して、生命エネルギーそのものを弱体化させることになるので、結果的に進化と成長を遅らせてしまうからです。

生命エネルギーが弱体化する一つの大きな理由は、これまでの三次元の人間医学は、「不安」と「恐怖」で成り立っているからです。

病原体という悪者をつくり出し、その悪者をやっつけるために病院に行くことによって、結果的に医者や医療機関、製薬会社が潤う構造をつくってきたのが、現代医学です。

ようするに、医療を受ける側の不安と恐怖心を煽《あお》ることで医療を提供する側が私腹を肥やしてきました。だから、医療消費者はいつまでも不安と恐怖にさいなまれ、医療提供者はそのエネルギーを利用することで私利私欲を満たし、そのせいで大半の人が気づきや学びが得られないまま、もがき続ける人生を送ってきたわけです。

ところが、令和時代の魂エネルギーに基づく神医学だと、「安心」と「喜び」を生み出すことによって高次元の医学が成り立ちます。

○まず医者自身が次元を上げること

どういうことかといえば、患者はもちろん、まず医者や医療従事者自身が次元を上げることによって、これまでの低次元医学から高次元医学へと根本構造を変えていくことができるということです。

先般の新型コロナウイルスの感染症でも明らかになったように、現場の医者たちは、とにかく目の前の患者を救いたいという気持ちを強く持っています。

しかし、「どうすれば本当に人は救われるのか？」という医療哲学や意識次元が低いのが問題なのです。ただウイルスに感染しないためにとか、ウイルスを根絶さえすれば救われるといったレベルに留まり、新種のウイルスや感染症から何を学ぶかが全く抜け落ちているのです。

目先のことだけに囚われている物質医学の次元を上げるには、「人が本当に救われるのは魂の次元を上げること」という新たな医療哲学が必要です。それが私が提唱している高次元＝神医学に基づく方向性です。

つまり、人間の視点で人間を診るのではなくて、神の視点から人間を診る、これが私が行っている神医学なのです。

神の視点、高次元のエネルギー存在として人間を診るのです。そこで、今の医者たちが全く役に立たないかというと、決してそうではなくて、彼らの次元がアップすればいいのです。

自分が低次元にいることに気づけば、次元を上げることは可能です。そして、私の指導によって次元をアップしてくれさえすれば、神医学ドクターとして、私と共に高次元医学を広げられます。そうすると、その結果、人類が救われるのです。

高次元医学というと、フィリピンやブラジルなどで行われている心霊治療を想像する方もいるかもしれませんが、私が行っている神医学はその程度のレベルではありません。

奇跡的な治癒を起こすといっても、まだ彼らの次元は低いのです。神の力とかいいながらも、結局、本人の気づきや学びを促すことなく、ただ一方的に肉体の修理をしているだけだからです。

つまり、「悪いものを取り除けばいい」「異常なものを正常に直せばいい」という人間医学と同じ発想なのです。これはある意味、神の仕事、魂の成長を邪魔していることになります。

○高次元からみた魂の仕組みと宇宙の大もととの一体化

ここで、神医学がアプローチしている魂の仕組みについて説明しておきましょう。

まず、それぞれの魂は、多次元のパラレルな自分宇宙の出発点であるゼロポイントから個々別々に誕生します。

つまり、多次元宇宙には自分だけの宇宙＝自分宇宙があって、今生きている宇宙空間は、その自分宇宙の一部なのです。

今見えている宇宙は、多次元に同時存在している無数のパラレル宇宙の中の一つでしかなく、そのパラレル自分宇宙の出入り口がゼロポイントです。

ゼロポイントとは、ブラックホール、宇宙の空間のシリコンホール（珪素原子に存在するエネルギーポイント）の集合体であり、一つ一つの魂にそれぞれゼロポイントが存在します。

多次元パラレル宇宙の大もとは、ゼロボールです。大もとのゼロボール（ゼロポイントの総称）は完璧な状態で、無限数の振動数からなる超高振動数エネルギーの高次元珪素の塊で、ここには始まりも終わりもなくて、ただ存在しているだけなのです。

大もとのゼロボール（ブラックホール）から発生した個々の魂（エネルギー）は、もともと超素粒子で、ある刺激を起点として回転し始めました。回転し始めると意識を持ち始めるので、「自分を体験したい」ということで、それぞれ個別のゼロポイントから飛び出たのです。

では、超素粒子はいつからあるかというと、地球人には考えられない世界で、ただ、あるだけなのです。いつからとか、いつ生まれたとかではなくて、超素粒子はもともとあるのです。

でもあるときに、ゼロボールの一つであるゼロポイントから、回転運動とともに宇宙に飛び出します。初めて飛び出したことを「誕生」と言います。つまり、このブラックホールであるゼロポイントのポータルを開いたときに魂が誕生するのです。

無限数の多次元パラレル自分宇宙のゼロポイントは、ポータルを通じて自分の存在の大もと（ゼロボール）につながっているのです。

神ドクターは、宇宙の大もとととても近いレベルでつながり、その人がなぜ病気になったのか、何によってもがいているのか、どんなことで悩むのかというシナリオを全部読んでいきます。

つまり、ゼロポイントと一体化した高次元のエネルギー体でなければ、その人を救うことはできないのです。

そこでわかるのは、そもそもどんな症状、病気であっても「異常」は存在せず、すべて

「正常」だということです。

すべての症状は、そうなるべくしてなっているのであって、正常だからこそ、その症状や病気が現われている。それがわかれば、仮に血圧が高くなっているなら、魂次元から診て高い血圧が必要のない状態に導いてあげるだけでいいのです。

この魂次元の導きこそが、三次元の人間医学のドクターには決して真似のできない、神学ドクターとしての役割です。

魂次元の導きによって、気づきや学びが起こるとどうなるか⁉　というと、患者さん自身の振動数、波動が上がります。これが魂の進化・成長です。

それが本来の医者たち、すなわち神ドクターが成すべきことであって、魂の導きをせずに勝手に肉体次元の処置だけをしてしまったのでは、本人が成長できないのです。

○問題をなくそうとする現代医学と高次元医学の大きな違い

私の知人に、若い頃にネフロイド症候群（低たんぱく血症でむくみが起こる疾患）で5年間ほど苦しんだ体験をしたという方がいます。

彼は、それまで住んでいた地方から東京に転居したら、何もしないのに症状が消え去り、それ以来全く発症していないそうです。

その理由は、彼の魂が、もっと成長したくて、それまでいた場所から離れて上京したがっていたということです。

それを三次元の医学で診たら、むくみをコントロールする対症療法（安静・塩分制限・利尿薬）とステロイド薬などの投与で症状を抑えようとするだけです。

しかし、彼の魂は、何歳でネフローゼを持ち、そしてそれをきっかけとして次のステージに進むことがシナリオに書かれてあって、東京に引っ越した後は症状がなくなる、とも書かれていたのです。

それを今の医学で無理やり薬で抑えていたわけです。もしそのままずっとその地方に留まっていたら症状が改善されないばかりか、それだけ魂の成長も遅れていたでしょう。

三次元医学と高次元医学の大きな違いは、次の点に集約されます。

・気づいたり学んだりする機会を奪うのが三次元の人間医学。
・高次元の神医学は、魂の導きによって気づきと学びの機会を与える。

・三次元の人間医学は、患者の振動数・波動を下げる医学。
・高次元の神医学は、患者の振動数・波動を上げる医学。

これは、医学に限らず、教育や政治経済のすべてにおいて同じことが言えます。どんな分野も、魂が進化・成長するために存在しているのです。つまり、個々の魂が自分の振動数・波動を上げて大もとのゼロポイントエネルギーに近づくために、この世の肉体に宿っているのです。

脳ではなく、松果体の活性化により高次元エネルギーとつなげて振動数を上げていくのが神医学の基本です。

そのため、神医学の目的は、本人の魂が望む方向に導くことであり、魂が何を望んでいるのかを察知する能力が高い人間が、優秀な神ドクターといえます。

神ドクターとして、私がこれまでありとあらゆる人を診てきた中で言えることは、脳では病気をなくしたり症状をなくしたいと訴えていても、魂では病気を持っていたい、もっと病気になりたいと多くの人が望んでいます。

だから、私の診療では、症状や病気をなくすことはしません。その代わりに、「あなたすごいね、いいもの持ってるね」「羨ましいな」などとその病気を持っていることを称えながら、人によっては「もっと体験したほうがいいね」とか「あなた、この病気をなんのために持ったかわかる⁉」などと本人の気づきを促していきます。

なぜなら、症状や病気だけでなく、人生の悩みや困難さも、本人の気づきや学びが生まれた瞬時になくなっていくからです。つまり、気づきや学びを得た瞬間に、もう問題は必要なくなるのです。

言い替えれば、何らかの困難な問題を持ち続けているということは、まだそこに気づきや学びが生まれていないのです。まだ味わいつくしていないので、もっと病気や困難という重圧を体験する必要があるわけです。

○神医学は本人の課題をなくさせない

もし、がんになったのに現代医学の治療を受けずに腫瘍が広がって死んでしまったとしても、それをその人の魂が設定している場合もあります。かといって、病院で抗がん剤や手術を受けるのがすべて悪いのかというと、中には治療を受けることを設定している魂もいます。

あるいは、最初は治療を設定していなかったかもしれないが、間違って受けてしまった。けれど高次元DNAのシナリオを書き換えたいといって、私のところに来られる方もいるわけです。

いずれにしても、人間医学を受け続けると免疫力や治癒力は乱れて、辛くなるのは間違いありません。

つまり、現代医学は問題、重圧をなくそうとするけれど、高次元医学は問題、重圧を心地よく持たせようとするわけで、全く方向性が違います。

三次元の脳では「望まないことばかり体験してる」「なぜ私がこんなひどい目に遭わないといけないのか?」と捉えますが、「魂は望むものしか体験しない」「重圧は成長の機会」というのが大宇宙の大原則です。

ですから、脳にとっては最悪な事態であっても、それは魂が望んだことなのです。これは神医学を志すドクターにとってはとても大事な原則です。この魂の仕組みを知らないと、高次元の神医学は成り立ちません。

三次元医学のドクターは、この宇宙の原則を知らずに人間目線で患者を診るため、本質的な医療ができません。三次元医療はいわばレベルの低い発想です。

つまり、今までの三次元医学は、病気がある地点から軽くなる地点までを想定して、そこに到達するにはこの道のりを歩まないとたどり着けない、と初めから時間経過と段階を設けています。そのため、道のりを歩くのにすごく時間がかかって、「病気に打ち克って何としてもそこまで行かないと……」と患者への努力目標が与えられます。

一方、神医学では、そのような時間をはるかに超越しています。先ほど述べたようにゼロボールという大宇宙の源のエネルギーとつながっているので、「いまここ」に無限大に存在しているパラレルな自分宇宙の中の別の自分と瞬時に入れ替わることができるのです。

これを一言で表現すると、神医学においては、魂レベルでその場で瞬時に変化が起きるということです。

○「いまここ」に無限大に存在しているパラレルな自分宇宙

その理由を簡単に説明するとこうなります。

まず、ゼロボールからは無限大の数の固有振動波（高次元エネルギー）が発信されていて、瞬間、瞬間に各自の自分宇宙の中でそれぞれの固有粒子が発生しています。

それと同様に、自分宇宙の各固有粒子は、常にすべての方向に新たな固有振動波を発生させていて、固有振動波の各々が異なる体験をしています。また、自分以外のゼロポイントから発信される他者の固有振動波もそれぞれ異なる体験をしています。

つまり、宇宙には、今の意識している自分と、無数の意識できない自分、そして自分以外のエネルギーが存在しているということです。

そして、自分の宇宙場における固有振動波と異なる宇宙場に存在する固有振動波や同じ振動数のエネルギーは、お互いに干渉し合っています。

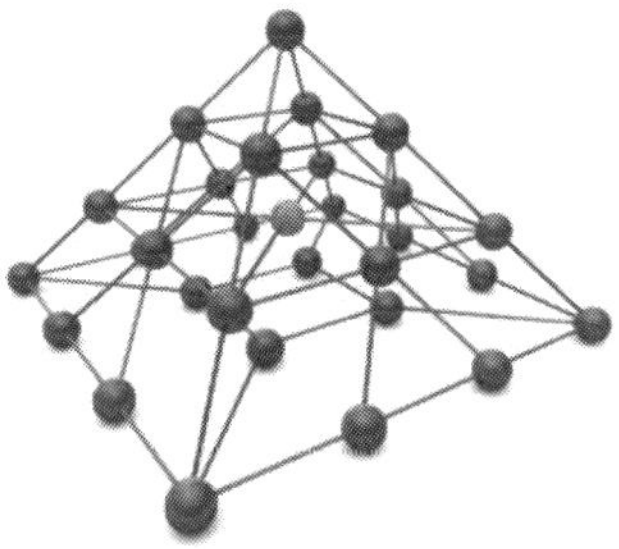

このとき、自分以外の固有振動波がもつすべての情報（知識や経験）を、自分のものとして獲得することができ、それによって自分の魂エネルギーは、無限の可能性をもって成長することができます。

言い換えれば、無数にあるあなたの固有振動波は、それぞれ一つ一つが異なったエネルギー、異なった状態にあって、その一つ一つがあなたが体験しうる自分宇宙のパラレルワールドであり、そのような無数のあなたが存在しているということです。

しかし、あなたの意識が体験できる固有振動波は、そのうちのたった一つだけ。それ以外の無数の固有振動波もあなた自身ではあるけれど、ただ通常では単に体験できないということです。

でも、過去も未来もパラレルの無限数の自分も「いまここ」のゼロポイントにあります。ゼロポイントはすべてゼロ秒、ゼロ歳なのです。

ここで大事なポイントは、そのゼロポイントが、「各人みんな別々」だというところです。

もし、ゼロポイントの大もとがワンネス（全ての生命存在の大もとは共有しているという概念）で一つであったら、どうなるでしょうか？

他人の意識エネルギーが全部くっついていたら、望む未来を選ぶことはできません。選んだら、人が絶対に絡んできて、常に干渉されることになり、ワンネスに吸収されてしまいます。

つまり、ワンネスは、常に干渉をするし、干渉もされるという呪縛から逃れられないコンセプトであり、これは宇宙の真理に反します。

そうではなくて、生命エネルギーの始まりの各々のゼロポイントは全く別で、それぞれが宇宙現象の中で独立した最も高いエネルギーです。ゼロポイントの大もとは、何億ヘルツとか、何兆ヘルツとか、何京ヘルツとか、そういう数字がない世界で、無限大ヘルツの世界。ゼロポイント＝無限大ヘルツの世界です。

○パラレルワールドの別の自分と入れ替えができる高次元時代

ゼロポイントは魂が誕生したポイント、すなわち、無限大ヘルツの生命螺旋振動波（宇宙ソウルウェイブ）を生み出している超高次元のポイントです。

無限大というのは数字では表せないということです。どんな大きい数字でも、数字という形になった時点でいきなり低次元になります。超高次元では数字は存在しません。数字が存在しない超高次元の無限大ヘルツのゼロポイントの集合意識が、真のワンネスです。それぞれが共有ではなく独立しています。

本当はワンネスと呼ぶよりも、ゼロポイントを集めた集合意識という意味で「ワン・ユニバース」と言ったほうがよいと思います。いずれにしても、「ワン・ユニバースはワンネスとは違う」ということが大事であって、多次元宇宙の大もとは無限大のゼロポイントの集合意識です。

集合意識は共鳴するけれど、お互いに干渉はしません。だから、全く影響し合いません。そこがワンネスとの違いです。

つまり、ワン・ユニバースは、大もとの数字のない無限大エネルギーの集合体であって、共鳴はするが干渉はしません。これは集合体だけれど、お互いに影響はし合いません。だから、シャボン玉宇宙が別々に成り立つわけで、個々の宇宙はくっつかないのです。

したがって、一人ひとりの意識が望めば、他の人のパラレル宇宙とは全く干渉することなく、パラレルな自分宇宙の中の他の自分を自由に選択し、瞬時に入れ替えることができるのです。

なぜ瞬時かというと、ゼロポイントの視点で見ると、過去も未来もなく、場所もなく、今ここだけがあるからです。

時間というのは、全宇宙に本当は今の瞬間だけしか存在しないのですが、今の地球ではそれを認識できないトリックの中で生きているのです。

地球では、実際には、すべてのエネルギーの干渉が今この瞬間に起こっているように感じます。

それは、人類の意識レベルがゼロポイントからはかけ離れているために、そう感じてしまうのです。

そこで、ゼロポイントから発せられる最高次元エネルギー、すなわち宇宙の叡智と完全につながることによって、受信機となる松果体を活性化させれば、他人の干渉を受けることなく、その人が望むパラレルな自分宇宙の別の自分と入れ替えることができます。

例えば、病気のない自分、奇跡的に治癒した自分、他の職業に就いている自分、夢で憧れていた自分、億万長者の自分、動物の自分、宇宙人の自分等々、ようするに、神医学というのは「宇宙の叡智とつながることによって、その人が望む別の自分にゼロ秒で入れ替える」ということです。

なので、努力も我慢も全く必要ありません。ただ、そのように設定すればいいだけです。

もちろん、事前に、パラレルワールドに無数の自分が同時に存在しているということを受け入れてもらったうえで入れ替えます。

こうした真理は、頭や言葉で理解しようとしてもムリです。言葉で説明すればするほど、本質から遠ざかるからです。

そもそも言語化するということは、一つのものを分離することです。宇宙の真理は言語化できるものではありません。

したがって、頭で理解できることは、たいして進化に役立ちません。つまり、私の本も読んで頭で理解しようとしたらたいして役に立たないのです。

よくわからないけれど、なにか感じる、なぜか腑に落ちる、これが松果体でキャッチしている宇宙の叡智です。なにか嬉しい、なにか希望が持てる、なにか元気が湧いてくる、そんなふうに感じるのが宇宙の叡智であり、高次元のエネルギーです。

○高次元DNAの書き換えで瞬時に人類の意識を次元上昇させる

もちろん、あなたの魂意識も宇宙の叡智とつながっています。ですが、脳意識に支配されて低次元にいると、「どうせできない」「ムリムリ」「理想の自分にはなれやしない」などと、高次元のエネルギーの働きを感じられなくなってしまうのです。

でも、実は、宇宙の叡智はあなたの目の前、今ここに存在しています。あなたの松果体でつながっているのです。だから、あなたの意識のチャンネルを低次元から高次元に入れ替えればいいだけなのです。これが本当の次元上昇です。

私の場合は、高次元のＤＮＡリニューアルテクニックにて、瞬時に意識を次元上昇させることができるので、毎日「奇跡のＤＮＡ診療」が可能なのです。

これまでは、イルミナティやフリーメイソン、ロスチャイルドなどの闇の勢力が、宇宙の叡智と地球人類を遮断してきましたが、令和になって明らかに方向転換が起きています。

実は、最近88次元 Fa-Aである私ドクタードルフィンは、彼らの集合意識を書き換え、彼らから、人類が宇宙叡智とつながる同意を得ました。

その他、なぜ高次元とつながりやすくなったか、その理由については『神ドクター』（弊社刊）や『ピラミッド封印解除・超覚醒　明かされる秘密』（弊社刊）他、私のこれまでの著書の中で詳しく述べているので、まだお読みでない方はぜひそちらも併せてご覧ください。

ようするに、宇宙の叡智と地球の叡智の両方が人類とつながる時代になったことで、もうもがき続ける必要はなくなったのです。

このことは、地球史上ものすごく大きな変化です。だからこのような本も世に出せるし、やっと高次元とつながる神医学の時代、新たなレムリアの時代が到来したのです。

第4章

神医学は地球人を進化・成長させる

○神ドクターが行う自分宇宙の入れ替え

高次元の神医学では、瞬時にパラレルな自分宇宙の入れ替えが起きるので、受診された患者さんは目の前でまるで別人のようになります。

例えば、初診で来られた人のほとんどが10歳くらい若返ったように肌がツヤツヤになったり、プロポーションが豊かになったり、一瞬で骨が伸びたり、筋肉がついたり、髪が生えたりして帰っていきます。

これは、三次元医学のような肉体的なアプローチではなく、その人の生命エネルギーそのものにダイレクトにアプローチした結果です。ようするに、高次元の神医学においては、もはや地球的なプロセスやゴールはいらないということです。限界もありません。

宇宙の叡智によって松果体が活性化し、ＤＮＡが修正、書き換えられて「なりたい自分」「理想の自分」に入れ替わることで、結果的に身体や心、生き方まで変わっていく、これが神医学の大きな特徴です。

なぜそのような劇的な変化が起きるかというと、前述したように、パラレルワールドには無限に自分が存在しており、そこにはすでに望む自分もいるので、それを選んでゼロ秒で乗り換えることができるからです。

つまり、時空間を跳び越えてワープするわけです。その原理については『多次元パラレル自分宇宙』（徳間書店刊）でも詳しく説明してあります。

これまでの確認の意味も込めて、ここで要点だけ挙げておきましょう。

《魂の仕組みと神医学が行う自分宇宙の入れ替え》

◎個々の魂は、一つ（ワンネス）から発生したのではなく、元々個別に発生した。ゆえに、多次元のパラレルな自分宇宙は他人から独立した個別なものである。

◎パラレルな自分宇宙には、あらゆる自分が存在している。例えば、超お金持ちの自分、別の職業に就いている自分、赤ん坊の自分、年寄りの自分、外国人の自分、宇宙人の自分、植物の自分、人間以外の動物の自分、虫の自分、10年前の自分、１００年前の自分、１万年前の自分、未来の自分、１００万年後の自分等々、これらが今ここにすべて同時存在している。

◎そのパラレルワールドの無限数の自分の中においては、どこへでも瞬時に移行することができる。
◎また、どのパラレル宇宙も、他のパラレル宇宙とは完全に絶縁されたシャボン玉宇宙の世界なので、お互いに干渉しあうことはない。
◎それゆえ、「絆」や「しがらみ」などにフォーカスすることはそもそも不要。個々人は自分の進化・成長を追求するべきで、周りを見ずに自分の純粋な気持ちだけにフォーカスすればよい。
◎人に良く思われたい、とか、人に尽くすため、とか、評価を求めて人に依存することもなく、地球的なプロセスやゴールも全く不要。
◎「望ましい自分の姿」は、すでに多次元のパラレル自分宇宙の中に存在しているので、ポータルを開いて、自分宇宙を乗り換えるだけでいい。
◎魂はすべてゼロ歳ゼロ秒（始まりも終わりも年齢もない）、「今ここ」に存在しており、これがゼロポイントでもある。
◎ゼロポイントとはブラックホールであり、宇宙の空間のシリコンホール集合体。そして他の多次元パラレル自分宇宙との出入り口（松果体）でもある。
◎具体的には、松果体のまわりに無数のシャボン玉宇宙がくっついていて、ここで別の自分と入れ換わる。

◎松果体のポータルとは別に、第二の松果体がある。これは背骨の一番下部（尾てい骨）にあり、退化してエネルギー体となっている。ここが地球エネルギー・地球の叡智につながる場所であり、ここを活性化させるためには動植物や自然と触れ合うこと。

◎家族とは、シャボン玉宇宙どうしが成長のために契約した形態で、重なったり触れ合ったりし、互いに影響し合っている。しかし、それぞれは、原則的には独立した存在である。

◎魂の成長、生きる目的とは、パラレル自分宇宙を選びつづけながら、大もとのゼロポイントに近づいてゆくこと。

○「今の自分」を完璧だと受け入れて「望む自分」にチェンジする

パラレル自分宇宙に存在している「望む自分」「理想の自分」に乗り換えるには、宇宙の叡智を通してポータルを開く必要があります。その際、次のような意識を持つことが大事です。

①「今の自分」もシナリオで選んできたので、完璧だと受け入れる。罪悪感は不要。
②「こうなりたい」は、絶対的に決めず、「何となくゆるく」という感じで。
③頭で悩まずに、すでに「望ましい自分」に移行していると思うこと。

自分宇宙の乗り換えは、地球だと時間がかかったりすることもありますが、エネルギーレベルではゼロ秒でチェンジできるので、それを受け入れましょう。

ポータルを開く方法としては、『高次元DNAコード』（ヒカルランド刊）の本でも、自分をアップデート&移動しやすくなる方法として詳しく説明しています。

同書では、高次元DNAを突然変異・覚醒させる21のシークレットコードについて説明してあります。また、チャクラに関していうと、松果体を活性化させる周波数は936Hz。これを地球のシューマン振動数7・8Hzで割ってみると、120となります。

宇宙のポータルを開くには、この936Hzの倍数にすればよく、また地球にグラウンディングする（地球のポータルを開く）ためには、7・8Hzが不可欠です。

このように、神医学においては、物質レベルの変化ではなく、着目するのはあくまで振動数であり、エネルギーレベルでの変化です。

DNAエネルギーが変わるからこそ、前述したように、瞬間的に体形が変わったり、髪が伸びたりする、これが神ドクターによる神医学です。

普通の人間が物質に働きかける場合、例えば、曲がったりへコんでいる物は、急に伸びたりヘコみが直ることはありません。ところが、神ドクターであればそれが可能です。その理由はエネルギーそのものをコントロールできるからです。

もちろん、私がこの本でお伝えしたいのは、神医学を学びたい方に私と同じことをしてもらおうというのではありません。

本書の目的は、医学が本来目指すところを示し、ドクターたちにエネルギーの存在や可能性を知ってもらい、高次元医学のビジョンを理解していただくことです。

かつては、私も投薬や手術、遺伝子研究等々、現代医学を全部やってきました。だからこそ、その限界や問題点を指摘できるし、それに代わる高次元の医学の姿を指し示すことができるのです。

○多次元宇宙の自分にアクセスするのをサポートする

人間では人間を救えない、人間医学では患者さんを根本的に救うことができないのが現実です。

でも、神医学のドクターであれば、宇宙の叡智＝高次元エネルギーを媒介することでその人を救うことができます。

神医学から見て、人を救うというのは、多次元パラレル宇宙に存在している「なりたい自分」「理想の自分」にならせてあげることです。

医学においては、何よりもこの点が一番大事なことだと私は思います。

今の人間医学では、脳意識に振りまわされて、魂が望む自分になれていない、つまり、偽りの自分のままでもがき続けるしかないのです。

だから、医学をより進化したものへと、次元をアップして作り直さないといけない、というのが神ドクターとしての私の考えです。

つまり、これからの医学、高次元医学の役割は、患者さんにとって「望む自分」はすでにいるとの認識に立って、本人が多次元宇宙の自分にアクセスするのをサポートすることなのです。

患者さんの身体をメスで切ったり、薬で抑えつけたりするのでなく、本人が望む自分に変わるためのスイッチを押してあげること。パラレルの映像の中から、どれか1つだけストーリーを選ばせて、そのスイッチを押させるのがドクターの役目です。これからの医学はそうなるでしょう。

従来の考え方だと、そのスイッチを押すのは他力的な意味での「神」とされてきましたが、神医学からすると、「神はあなた自身」であって、誰もが神のエネルギーと共鳴できますので、スイッチを押すのはあなたです。

どんどん次元を上げて行って高次元にアクセスできるようになると、神のエネルギーと共鳴できる、それを医者が自ら率先してやっていくのが、私の提唱する神医学です。

多次元パラレル宇宙の入れ替えスイッチを押せるのは、次元の高い存在だけです。

三次元の医者では全くそのスイッチを押させることはできないし、そもそもそんな発想すらありません。

ですから、当然、瞬間的に「望む自分」に変えてあげることなどは到底ムリな話。つまり、その人を本当に救うことはできません。人間では人間を救えないのです。

この本で私が言いたいのは、これからの医学を志す者は、三次元の医療だけでなく、患者さんの魂を救うことが最も重要であり、そして、これから地球をリードするドクターになりたいのであれば、自分自身の人間力を高める、すなわち自分の次元エネルギーを上げることが先決だということです。

神医学においては、まずそのことを皆さんにお伝えし、学んでいただく必要があると思っています。

○善悪という二元論では人を救えない

言うまでもなく、医者の役割・使命は、人を救うことです。

これまでの三次元のドクターは、肉体次元か、せいぜい心（メンタル）次元まででした。精神面での問題は、主に診療内科や精神科がそれを請け負ってきたわけですが、魂次元まで診られる医者はいなかった。

ですから、魂の問題を扱うのは宗教でしかなかったわけです。ところが、その宗教自体が次元が落ちてしまっていて、人の魂を救うことができていない、もはやそれは誰の目にも明らかでしょう。

むしろ、信者獲得のために人々の不安を煽って、お金儲けやビジネス化している宗教も少なくありません。「うちの宗教じゃないと救われないですよ」「ここの宗教にいれば必ず救われる」「あなたが不幸なのは○○が原因で、これを信じれば幸せになれる」等々、他力本願にさせて、無限の可能性のある自分を否定させる（自己否定）結果をもたらしているのが実情です。

基本的に、宗教では表面的に人が変わったように見えても、魂意識を根本から変えることはできません。なぜかというと、「善悪」という二元的な価値観を持っているからです。自分たちの神様や教祖はいいけれども、それ以外はよくない。教祖の一言一句や教義に従って、これこれは正しくて善、これこれは邪であり悪である、などと必ず善悪で判断するのが宗教です。

ところが、善悪をつけると魂は次元上昇することができない、これが宇宙の真理です。善悪にとらわれていると、その次元で止まってしまって奇跡は生み出せないのです。

一方、神医学からすると、本当は自分で自分を救えるのです。自分を救えるのはパラレル自分宇宙の中の神、つまり、決して他の神では救えない、自分宇宙の神だけが自分を救える、それゆえ誰でも次元上昇すれば瞬間的に自分の中で奇跡が起こせる、これが神医学のビジョンであり、高次元の常識です。

実際、私が毎日診療所で創り出している奇跡は、三次元の医者がびっくりするようなことばかりです。腫れていた箇所が目の前でその腫れが消えたりします。もし普通の医者がそんな光景を見たら、みんな驚いて声を失うでしょう。

そして、「いやいや、そんなことは起こりえないはずだ」と疑いの目で見るに違いありませんが、そういうことが現に私の診療所では毎日頻回に起こっているのです。

そんな高次元の神医学の世界をもし彼らが知ってしまうと、自分たちのやっていることがとてもむなしくなることでしょう。

でも、そろそろショック療法も必要で、「あなたたちがやってることは次元が低いことですよ」と誰かが言わなくてはなりません。

○三次元の人間医学は学びのためのプロセスだった

とはいえ、三次元医学がすべて悪というわけではなく、否定しているわけでもありません。

どういうことかというと、私が言いたいのは、これまでは学びのために「プロセス」と「ゴール」を必要とした、それが現代医学、三次元医学だということです。

これはビジネスも同じです。あるプロジェクトを遂行するために、まず企画書を書いて、計画を立ててから、順次実行に移していく、これがプロセスです。

例えば、ゴールとしては今年の収益はこれくらい、利益はこれくらいと目標を立てて、実際にどこまで達成できたかを振り返って、また次のプロセスに移っていきます。

医学も、まず医療戦略を立てて、どういう治療をして、ここまで回復させるというゴールを設定する、これが今までの三次元の医学だったわけです。

もちろん、それで身体症状がよくなる人はいるのですが、本当に厳しい病気はそれでは全く改善しないし、恩恵が得られません。ようするに、どんなに頑張っても、ここまでしかいかない、という限界の世界だったわけです。

だから、例えばオリンピックを目指していた人に、医者としては「もう諦めなさい」とか、「日常生活でも歩けないようになりますよ」などと言うしかなかった。そういう限界をつけられたゴールが示され、しかもプロセスにもとても時間がかかるのが当たり前の世界。

一方、私のやっている高次元医学は、プロセスをすっ飛ばして目の前で瞬時に、ゴールも今まで地球社会が無理だろうと思っていたところ（集合意識）を平気で飛び越えて、無限のレベルで結果をもたらします。

これまでは、自著の中で少し遠慮ぎみに書いてきましたが、もう本当にこの事実を知らせていかないといけない時期に来たと今は思っています。

というわけで、次に、神医学は従来の三次元医学と何がどう違うのかを具体的に説明していきましょう。

○神医学は物質をつくり出している大もとのエネルギーにアプローチする

第一に、神医学がアプローチするのは、物質ではなく、あくまで物質を作り出している大もとのエネルギーです。

神医学の真相からすると、いくら物質を取り去っても、その物質を作り上げているオーラ、生命エネルギーは乱れたままです。ですから、そこから根本的に治していく、つまり、一時的な対症療法ではなく、本当の意味での根治療法です。

今の医学の対象はあくまで物質レベル、それに対して神医学の対象は物質を形づくっている鋳型であるエネルギーそのもの、これが次元の違いです。

ただ物質を抑えつければいい、取り去ればいい、とする三次元医学がいかに次元が低いかおわかりでしょう。

例えば、人が死んで、肉体は朽ち果てても、「霊」と呼ばれるエネルギー体は残ります。それと同じで、内臓を一部取り去っても、基幹のエネルギーが残っているわけです。だから、がん細胞は、手術で取ってもまた生まれる。がんを作り出すエネルギーそのものを変えない限り、取ってもまたがん化してしまうのです。

したがって、医学は、これまでのように目に見える物だけに対処するという、この「幼稚さを卒業しなきゃいけない」と私は言いたいわけです。

このことは、古来続いてきた癒やしのエッセンスの復興とも言えます。

少なくとも、平安時代に活躍した安倍晴明やその子孫で江戸時代の土御門家《つちみかどけ》など、陰陽師《おんみょうじ》たちが目に見えないエネルギーを使って人体や土地の調整を行っていた、その癒やしの術を今こそ見直すべきなのです。

目に見えない力の働き、霊的なエネルギーを抹殺してきたのは、明治以降です。だから、物質的なものは進化したけれど、霊的なものをずっと置き去りにしたまま現代に至った。

したがって、医学は再び霊的なものに戻って、そこからさらに次元を上げていくということとです。

もちろん、中にはそのことに気づいている医者も少なからずいます。でも、実際には目に見えないものに対してフタをしたまま、エネルギーに関して見て見ぬふりをしているのが実情です。

社会全体の周波数が、「医者の言うことは絶対間違ってない」という周波数に固定されているから。でも、私にはすごくそれが見えるので、「あなた、本当にやりがいがあるの？」「本当に自分にプライドを持ってやっているんですか？」と問いたい気持ちです。

もし、医者が、低次元の人間医学の限界を知って、物質をつくり出しているエネルギーそのものに働きかける医学・医療を受け入れることができれば、人を救うという医者としての本来の誇りを取り戻すことができるはずです。

自分たちがやってきたことは間違いだったと気づくためには、私利私欲や地位、自己保身を捨てなくてはなりません。それには、本当の人間の姿を知り、生命エネルギーを理解できないと難しいでしょう。

○エネルギーが変わると一瞬で奇跡が起きる

これまでの物質医学の間違いに気づくためにも、医者はまず生命エネルギーに目を向けることが大事です。それができなければいつまでも無機質な医学が続いて、患者のＤＮＡを傷つけて、その結果、生命エネルギーをどんどん低下させていくだけです。

例えば、がんに用いられる抗がん剤にしても、やみくもに投与していると正常な細胞のＤＮＡまで傷ついて遺伝情報の変異や細胞死をもたらします。

がん細胞が増殖するのを邪魔するものだから、影響がないわけがありません。

また、実際に、２歳までに抗生剤をたくさん打った人は自閉症になる率が高くなることが、アメリカの論文にも出ています。つまり、抗生剤の投与によって脳細胞が正常に機能しなくなる可能性があるのです。

もしも心ある医者なら、はたしてそんな危険な抗生剤を積極的に自分の子や孫に投与するでしょうか⁉

人を救うことを第一義とする医者なら、患者さんの生命エネルギーを高めなくては意味がなく、そこに目を向けなくては人を救うこともできません。

ここで、神医学の症例を一つ挙げましょう。

生まれつき、右側の手足（上下股）の太さ（骨）が普通の子どもの2倍くらいの2歳の女の子が、診療に来られました。

普通の医者であれば、手の打ちようがありません。装具でごまかすぐらいでしょう。

私はそういう治療は一切やらず、やるのはただ、高次元エネルギーによるDNAの書き換えです。

お母さんは「女の子なのに……」ととても不憫《ふびん》そうな顔をしていましたが、1度目の診療をしたその夜、女の子が「痛い、痛い」と泣いたというので、私は「大丈夫ですよ、いい反応ですから」とお母さんに告げました。

その女の子の右手足は2、3回目の診療で急に細くなりはじめ、結果的に1、2年できれいな細い手足になり、左右で太さは同じで、骨も同世代の子と同じ太さになりました。

右半身の骨全部の太さが2倍だったのが正常の大きさになった、ということは、DNAの情報を書き換えたことによるものです。

このようなことは医学的には絶対にあり得ないことです。今の最先端の遺伝子医学を以ってしても絶対に無理です。

ところが、私のところではそんな奇跡が普通に起きるのです。手術の場合、数回のプロセスをくり返して、限界がある上に副作用が出ます。神医学の場合は、プロセスはなく、パラレルの自分がいてそこに切り替えるだけです。もちろん、副作用などは一切なし。

また、ＩＱが65だった子どもが、ＤＮＡの情報を書き換えたところ、97に、ほぼ正常になったりします。私はその子がパラレルに移行するスイッチを押しただけ。これが神医学による高次元ＤＮＡの書き換えです。

このように、高次元のエネルギーにアクセスすれば人間は一瞬で生まれ変われるし、このようなアプローチが間違いなく最先端の医学になってくるはずです。

○ワクチンは人口削減政策の一環なのか

神医学を理解すると、これまで医学的に良いとされてきたものがなぜ問題なのかがよく理解でき、しかもその背景となる社会的な問題にまで切り込める知恵が身につきます。

例えば、インフルエンザの予防接種。一定の年齢以上の人は、かつて学校でインフルエンザ・ワクチンの集団接種を受けたはずです。ところが、1994年以降は、全国の小中学校ではインフルエンザ・ワクチンの集団接種は中止されています。

これは医師会の調査で「ワクチンに効果なし」という発表がなされたからですが、インフルエンザと診断された症状のうち90％近くがほかの病原菌によるものなので、ウイルスへの感染を予防することはできないのです。

にもかかわらず、いまだに毎年接種しなければいけないと思い込んでいる人はたくさんいます。予防接種を受ければ感染者数が減るはずだと思っている人も多いでしょう。それはプラシーボ効果と言って、偽薬であっても「もうこれで大丈夫！」「私は病気にかからない」と不安が取り除かれる心理的な効果と、もう一つは生活の清潔度が上がった結果です。

予防接種の何が問題かというと、ワクチンに含まれている水銀です。この水銀が人体に悪さをし、さらに宇宙とのつながりを切ってしまうのです。実際に、水銀が身体に溜まって不調を来《きた》したり、脳炎や中枢神経障害などの病気になる子どもたちがたくさんいます。

また、水銀（アマルガム）は歯の詰めものにも入っていて、アマルガムを使った歯科治療によって患者の抵抗力や治癒力などが相当下げられてしまいます。水銀の粒子が体内に吸収されて、腎臓や肝臓、脳などに蓄積されるのです。

そんな身体に悪いものをなぜ使用しているのか？

はっきり言うと、予防接種（ワクチン）は人口削減政策という部分も否定できません。人口が増えすぎると地球の資源が追いつかないので、闇の集団が優生思想に則って人口削減政策を行っているとするものです。つまり、自分たちが指導者として君臨するために、大衆をコントロールしやすいよう低次元に留めておこうとしていたのです。

予防接種を受けて体内に水銀が蓄積すれば、松果体が不活性になって、高次元につながらなくなります。脳意識だけでは魂意識が覚醒しません。

そうすると、権力者やマスコミなど他人の言うことに無条件に従ったり、常に誰かに頼っていないと生きられないロボット人間が量産されます。これが今の地球人です。

さらに多くの人が病気になって、不安と恐怖によって大量の薬品を消費し、医療費を湯水のようにどんどん使います。そして早く死んでくれるので、支配者らにとってはいいことだらけなのです。

○ワクチンのメリットは1、デメリットは9

そんなコントロール側の思惑は別としても、予防接種を三次元的にデータをとって考えた場合、ワクチンを打つメリットとデメリットのどちらが大きいか?と言えば、明らかにデメリットの方が大きいです。

何もしなかったらそのまま。でも、私の感覚からいうと、ワクチンのメリットは1で、デメリットは9です。毒を入れているのと同じですから、実際に予防接種すると顔色が変わる子が何人かいて、圧倒的に自分を不利にしていることになります。

たとえ子供のうちは毒として眠っていても、将来大人になって日本脳炎やギラン・バレー症候群、骨髄炎などの難病を発症する可能性があります。そうなると原因不明で治療法もありません。

水銀以外にも松果体を不活性化させるものがあります。それは「フッ素」です。

フッ素は、歯垢(プラーク)の細菌の活動を抑え、むし歯の発生を防ぐ効果があるとされていて、フッ素入りの歯磨きが推奨されていますが、これも逆効果です。

フッ素を使うことで、歯を弱くしてしまうだけでなく、松果体も不活性にして高次元とのつながりが絶たれてしまうのです。

フッ素は口の中の常在菌を殺すので、その結果、歯が弱って、噛む力も低下します。歯というのは、第一頸椎や松果体と密接な関わりがあります。そこで噛む力が弱まると構造的な身体機能も弱まって、その結果、免疫力も乱れてしまうのです。

つまり、フッ素を使っているから松果体が不活性化しているということです。

そもそも、不潔にしているから虫歯になるのではありません。そうではなくて、本来いる常在菌がいなくなったら悪玉菌が増えて虫歯になるわけです。フッ素で有用な常在菌を殺してしまったら全く意味がないばかりか、かえって虫歯になる可能性が高まります。

他の動物たちがそうであるように、本来、人間も歯磨き粉などは使わなくてもよかったわけです。

いずれにしても、薬で症状を抑えつけること自体が非常に自然に反しているということを、もっとリアルに医者たちはとらえる必要があります。

今のような薬がなかった時代は、薬草（植物）や漢方が自然薬として使われていて、おだやかな刺激なので身体への負担もなく、エネルギーの活性化にも一役買っていました。

ところが、今の現代西洋医学の薬というのは、ケミカル的に炎症反応を抑える効果が強い。だから、当然組織に与える害も強く、有益な常在菌までも殺します。そうなると当然ダメージを受けたり副作用が出るのです。

○松果体を活性化させるのは「珪素」

薬害について疑問を呈したり、告発している人もいます。最も大事なことは、薬害によって松果体がダメージを受け、その結果、宇宙とのつながりが絶たれて、エネルギー不足に陥ってしまうことです。

高次元の神医学は、宇宙の叡智を取り込んで松果体を活性化させ、それによってDNAを書き換えることです。

ここで重要なのが、松果体と珪素《けいそ》の関係です。

宇宙の叡智は、まず松果体の珪素に入ります。そして珪素のシリコンホールで振動数を落として身体の叡智となります。

つまり、松果体は珪素でできていて、珪素は究極的に地球人の進化と成長を促すことから、珪素を取り入れることは地球人にとって最強のツールとも言えるのです。

珪素は、身体の症状や病気の状態、人生の悩みや困難等の内容に関わらず、生命が必要とする最適な環境をつくり、病気回復、健康増進、人生好転にとても有用です。

また、症状・病気のあるなしに関わらず、継続して摂取することは、人生を健康で楽しく過ごすために大いに役立ちます。

珪素と松果体の密接な関連をまとめると、こうなります。
◎松果体は珪素でできていて、珪素は松果体を強化する。
◎松果体の働きを強化することは、宇宙の叡智とつながる大切な鍵である。
◎珪素には、免疫の司令塔『胸腺』を活性化する働き、
エネルギー生産器官『ミトコンドリア』を活性化する働き、
神経、血管を含む全身細胞を再生させる働き、
有害物質で汚染された全身細胞を解毒する働きなどがある。
◎推奨する珪素製品は、ドクタードルフィン公式ホームページで紹介販売しています。
水晶由来と植物由来の２種類がありますが、特に水晶由来のものがお勧めです。

○母親のヒステリックな感情に反応する子供

ここで、ほとんどの人が誤解をしている免疫力について、神医学の見解を述べておきます。

新型コロナウイルスの感染に関して、巷では「ウイルス感染を防ぐためには、免疫力を上げる、免疫力を強くすることが必要だ」と言われていますが、それは完全に間違いです。

免疫力を上げたらダメという理由はこういうことです。

免疫力を上げると、菌やウイルスが入っていた時に過剰に反応して、熱を出したり、膿《うみ》を出したり、腫れたりして、時には脳炎などを発症することもあります。

つまり、免疫は強いと過剰反応を起こして、何らかの症状を引き起こすのです。

免疫は穏やかな状態にしておくのが一番良いのです。そうすると、新種のウイルスが入ってきても、寛大に受け入れて強く反応はしないので、症状は出ません。

外敵が入ってきても、「ああ〜何かいるな、お前のことなんか知らないぜっ」と知らんぷりをしていると、反応をしないのです。

もちろん、例えば、好中球やマクロファージといった食細胞は、病原菌を殺菌・分解してくれるので、抗体を作るので、免疫力が全く必要ないというわけではありません。いたずらに免疫細胞を強化するのではなくて、本当に必要な時だけ最小限に働くのがいい、という意味です。実際、健康な人は、体内にウイルスを入れないのではなくて、いっぱい入っています。でも、免疫細胞がそれを無視しているだけなのです。

どういうことかと言うと、免疫細胞は、最初はホコリや塵などが飛んできても、共存できるので反応しません。ところが、「汚い」「不潔にしていると病気になる」「砂場で遊んで菌が入ったらどうするの？」と人間の不安や恐怖心から過敏になると、それまで反応しなかった免疫細胞が過剰に反応するようになるのです。

これは、母親のヒステリックな感情のエネルギーに反応する子どもと同じようなものです。特に、日本人は先祖から過敏なＤＮＡを継いできていて、微生物に対しても神経質になり過ぎていつもイライラ状態になり、攻撃的になってしまっているということです。

ようするに、赤ん坊や小さい子供の症状というのは、母親の心の状態を現わしているのです。

母親が常に臨戦状態にあるため、子どもの免疫細胞も過剰に刺激され、喘息《ぜんそく》やアトピーになり、外敵ではなく、自分自身の細胞まで攻撃するように、大人になってリウマチや膠《こう》原《げん》病などになるのです。ようするに、リウマチや膠原病などの自己免疫疾患は、自分を大切にしていない、愛していない、ということを教えようとしているのです。

このことは免疫学者も言わないいし、医者もわかっていない。だから、私が言うしかない。

このことがわかると、先ほどの予防接種の害についてよく理解できると思います。

まず、新型ウイルスが来ました。そこで予防接種をしましょうとワクチンという毒を打ちます。すると、体内の死んでいる菌、弱っている菌が変異して非常に元気になることがあります。

つまり、ワクチンを打つことでかえって病原菌が暴れ出すということです。

もう一つは、そんな毒物で強い刺激を与えたら、免疫細胞が穏やかだったのに、穏やかな生活を崩されるから、免疫細胞が怒り狂いだして攻撃力を増してしまうのです。

ようするに、私の感覚では、予防接種をしたら眠っていた免疫細胞が目ざめて攻撃態勢に入っていくのです。しかし、前に入ってきたものと同じ物質であれば、免疫細胞はそれほど反応せず、穏やかに反応するので、症状もあまり出さずに自然に排除できるのです。

特にウイルスなどはすぐに変異するので、免疫細胞は「これは何だ⁉ これまでとは違うぞ‼」と過剰に反応します。そうするとよけい症状が出る、今回の騒動で私はそう感じたのです。

○すべての存在は波動であり、波動が整えば物質もきれいに整う

なぜそう感じたかというと、細菌やウイルスもすべて波動、エネルギーだからです。ほとんどの人は、ウイルスは有害な物質としてしか見なしていません。だから、誰もが我先にマスクを買い占めようとするわけです。

ところが、それでもウイルス感染は防げない。なぜなら、物質レベルの対応だけで、エネルギーレベルでの対応ができていないからです。

これは、そもそも現代医学が細菌説に立っているからです。

ウィルソンが黄色ブドウ球菌を発見して、病気は菌として外からやってくるものだ、というのが医学の常識になり、病原菌をやっつければ病気にならないと思い込んできたのがこれまでの人間医学です。

しかし、神医学の観点からすると、細菌やウイルスは、彼らの形（分子構造）が悪さを

するのではなくて波動、エネルギーの影響です。

波動は同期したり、共鳴しあうので、新型ウイルスの波動と共鳴すればいとも簡単にマスクを通過して体内に侵入するし、ある地域にウイルスが大量発生したら、その波動が地球の裏側でも同時発生するのです。

つまり、濃厚接触していなくても、人間同士の意識の波動が共鳴して感染する。だから、隔離したり、人が密集する空間を閉鎖して「接触感染や飛沫感染を防ぎましょう」といっても、無意味です。

そもそも、今の地球は不安と恐怖が強すぎるので、人工ウイルスであろうが自然ウイルスであろうが、元々は人類の集合意識によって作り出されたものです。

ウイルスや細菌の波動は、元々は何もないところにあって、不安や恐怖が強いところにパッと個体として現われます。

しかも、集団になったときは人類の集合意識より強くなるので、倍々ゲームのように一気に広がっていきます。だから、人類が彼らをいくら力で制圧しようとしても無理なのです。

それなのに、物質次元だけでなんとか終息させようとしているのが今の医学者たちです。

これは本当に低次元の話です。本当のウイルスの正体がわかれば、ウイルスを悪者扱いして叩くのではなくて、「お役目、ありがとう」「私たちのことを戒《いまし》めてくれたから気づけたよ」と感謝したり愛で包むことができるでしょう。

そうすると、彼らは穏やかになって、自分たちの仕事を終えて去っていくのです。それを知らないから、人類はいつまで経っても低次元をくり返してきたのです。

つまり、どういうことかというと、地球はガイアの調和の取れた星になる必要があるのに、人類の優先意識が強すぎます。そこで、微生物やウイルスたちは、ミクロの次元から、「人類の不安や恐怖の意識が菌やウイルスを生み出しているんだよ」ということを気づかせようとしているのです。

「君たちが不安や恐怖を取り除いて調和に向かえば、僕たちの役割を終えるから」と穏やかになって、存在意義がなくなるので自然に消えていくでしょう。

人間の細胞もウイルスと同じで、波動・バイブレーションです。物質に見えているだけで、実は波動の塊なのです。なので、物質を変えなくても、波動を整えてやれば物質はきれいに整います。

このように、すべての存在は波動であり、波動を整えれば物質はきれいになる、それを見える形で知らしめていくのが神医学です。

第5章

神ドクターが医学と地球社会を変える

○神医学から見た症状と奇跡的治癒が起きるメカニズム

前章で述べたように、神医学から見ると、症状が現われているのは通常の波動とは異なるサイン、つまり、正常な波動域の振動数（周波数帯域）からズレた細胞が発しているシグナル（波動）です。

その正常域を超えた振動が痛みなどの症状となって現われているわけですが、その乱れた波動を無理やり正常に持って行こうとするのがこれまでの現代西洋医学のやり方です。

しかし、波動を整えるのは薬でもなければ、まして人間でもありません。波動の乱れを調整するのはゼロポイントからの神、つまり、宇宙の叡智である高次元のエネルギーです。

自分の大もとであるゼロポイントのエネルギーだからこそ、自分の一番穏やかな状態を知っていて、その状態に戻してくれるのです。それが楽で愉しいぷあぷあの状態です。

つまり、ゼロポイントは、症状を持たない元の正常な時の記憶を保持しています。なので、いまの自分の意識次第で、瞬時に元の自分の波動とつながって修正することができるのです。

それが高次元とつながるということであって、そのときに自分の波動が調整される、これが本当の「薬」です。ようするに、自分を治す薬は自分の中に内在しているのです。

本来、薬は患者さんの中に内在しているので、医者が外から副作用のある薬を与えなくてもいい。患者さんがパラレルな自分宇宙とつながりさえすれば、波動調整ができて「なりたい自分」になれる、これをサポートするのが神医学です。

このように、高次元とつながって、楽で愉しいぷあぷあ状態になることが本当の救いであり、そこに導くのが神医学の役割です。そこでまずは「なぜ人間医学は低次元に陥ってしまったのか」ということに気づく必要があります。

それは第一に、闇の勢力（世界の権力者たち）によってコントロールされていたこともあって、人々が病気や死に対してただただ不安や怖れを抱いてきたからです。その不安や怖れに基づいた医療観と医者たちの自己保身や私利私欲が相まって、医学がビジネス化し、そうして益々高次元とのつながりが絶たれていったのです。

したがって、高次元とつながるためには、まず病気や死をポジティブに受け入れて、感謝してつき合うことが大事です。そうすれば、患者さんにとっても自分の中に内在している薬（正常波）が発動されて、治癒力も一気にアップします。

例えば、目が見えなかった人が見えるようになったり、歩けなかった人が歩けるようになります。こうした現代医学では考えられない奇跡的治癒は、ゼロポイントにつながって高い振動数と共振共鳴するからこそです。

さらに言うと、自分宇宙の「元の自分」と変換するか、それとも「なりたい自分」「万能な自分」にパラレル交換すればいいのです。

今までの三次元医学は、ただ物質を変えるだけなので、見えなかったのがその場で見えるようになったり、歩けなかったのがすぐに歩けるようになる、などということは絶対にあり得ませんでした。

ようするに、どんなに物質的に発展したとしても、今の医学には自ずから限界があるのです。それに対して、神医学はなんでも可能で、奇跡も常識、毎日当たり前に起きます。

これまでの地球社会では、低次元の人間医学や科学、教育等々によって、この奇跡が当たり前に起きる事実が封印されてきました。

それでも多くの医者は、今の医学を続けている限り、本当に患者を救うことができないことは内心ではわかっています。

自分の娘や息子には決して患者と同じ処方をしないのは、薬や手術、放射線などでは病気は治らないし、むしろ危ないことを知っているからです。

　ですから、もういい加減、患者が希望を見いだせないような限界医学はやめましょう、と私は言いたいのです。そして、もっともっとすばらしい無限大の世界があるんだよ、と彼らに伝えるためにこの本を出すことにしたのです。

「万能の自分」とつながる、そうしたら何でもできるし、本当になりたい自分になれる‼　なによりもそれが一番神が望むこと、高次元が望むことなのです。

　私が主宰している「ドクタードルフィン塾」には、人間医学に疑問を感じた医者がやってきて、そこから目醒めていかれます。

　そこで私は何を教えるか？　ズバリ、人間力を教えます。高次元とつながる能力を教えるのです。医療テクニックは一切教えません。

　彼らが高次元とつながることで、私のような医者が増えてくれれば、神ドクターたちがこれまでの社会や医学の封印を解いて、無限大の世界を広げてくれるでしょう。

　とはいえ、そのような私利私欲のない勇気ある医者は、まだまだ少数派です。私がやっていることを気にかけている医者はたくさんいても、彼らはそれを決して表には出しません。出すと医学界からは村八分にされるからです。

ですから、私もまだまだ黙っているわけにはいかないのです。

○高次元になると有害なものの影響を受けなくなる

高次元の神医学を志すドクターが増えるとどうなるか?

まず、これまでの医学の常識が覆って、人体に有害とされてきたものの影響を受けなくなります。

私くらいの高次元になると、有害視されている放射能、電磁波、ウイルス、細菌、抗がん剤、有毒重金属、害虫などに対しても、自分に悪影響を及ぼさない状況を作れるのです。

例えば、同じ放射能を同じ量だけ浴びて、甲状腺がんになる人と全くならない人がいますが、その差は何か? また、同じウイルが学校で蔓延して、教室で症状が出る子と出ない子の差は何か?

この差こそ、その人が持つ波動の違いです。高次元とつながっている人は波動が高い。波動が高ければ、低次元の波動とは干渉しあいません。

ようするに、悪影響を受けるか受けないかは、人体に有害とされる物質の波動によって自分自身の波動が狂わされるかどうかなのです。

放射能の波動、電磁波の波動、ウイルスの波動、細菌の波動、抗がん剤の波動、有毒重金属の波動等々、これらの波動によって自分の正常の波動を狂わされたら、これは「害」となります。

ところが、免疫のところで前述したように、たとえ有害な波動が入ってきても、知らんぷりして反応しなければ、何も害は及ぼさないのです。

なので、私の場合は、相手が放射能であれ、電磁波であれ、ウイルスであれ、「私はあなたから影響受けないから。あなたのこと邪魔もしないけど。あなたはあなたで幸せにやってね」と話しかけます。

どんな相手に対してもポジティブな意志を送ると相手は悪さをしてこない、だから影響を受けることがありません。これが高次元とつながっていることの一つの証しです。

反対に、最も悪影響を受けてしまうのは「不安定さ」です。特に不安と恐怖は低次元の波動と共鳴しやすく、そのエネルギーに自分の波動が同調し、そうすると相手と同じ波動を受けてしまいます。不安や恐怖は善悪・正邪に基づいた感情です。

これはギターの弦が同じ振動数だと震え出すのと同じで、自分が不安や恐怖を持つことで相手の低い振動数に合わせてしまうと、その影響をモロに受けてしまうのです。

ということは、相手がどんなネガティブな波動であったとしても、自分が全く違う波動のままでいられれば、相手の波動が関与してこない、つまり全く影響を受けない、だから大丈夫だということです。

ですから、たとえ水銀が体内に入っていたとしても、お友達のように「水銀ちゃん、こんにちは。今日もきれいにしてくれてありがとうね」といえる高次元の自分になれれば、どんな環境にいても楽で愉しく生きられるのです。

これは、皆さんが思っている以上に、意識の力は強いということです。

逆にいうと、不安や恐怖で恐れおののいたり、自分だけは助かりたいという人たちが大勢になると、共鳴しあって社会現象化していきます。

新型コロナの場合も、多くの人たちが不安や恐怖の集合意識を作り出したために世界中に広がったわけです。実はどんなウイルスでも、あるいは放射能や電磁波も怖がるのではなく、自分のポジティブな意識次第で影響を受けずにいられるのです。

そのためには、しっかり高次元とつながって、「どんなものも自分を害さない」と設定すればいいだけです。神医学はそういう世界です。

○神ドクターが従来の医学や病気に対する考えを180度反転させる

神医学のドクターであれば、私と同様に、その病気を選んだことを褒めてあげることはあっても、決して目の前の患者さんの症状を抑えたり、取り除こうとしてはいけません。

神の視点から言うと、病気はなりたい者がなるべくしてなっている。だから、「勝手に病気をなくすんじゃない」「よけいなことするな、今の医者ども！」とお叱りになると思います。

人間医学の病院では、見舞いに来られたら「かわいそうに」「気の毒に」「頑張ってね」と声をかけられるでしょう。でも、神医学の施設では「すばらしいね」「すばらしいこと学ばせてくれてるね、ありがとう」と感謝されます。

神医学の世界では、病気というものはすばらしい、ポジティブなものとして捉えられ、病気は持たないよりも持ったほうがいいと捉えるからです。

三次元医学では「病気は持たないほうがいい」と捉えるのに対して、神医学では、魂が進化・成長するために「病気は持ったほうがいい」と捉える、これが神ドクターに求められる高次元の視点です。

死に対しても同じです。三次元医学、人間医学では、「早く死ぬのはよくない」「できるだけ長生きしたほうがいい」と捉えられています。

しかし、神医学から見たら、こんな大変な地球は早く気づきを得て終えたほうがずっと幸せなのです。ようするに、脳はもっと長く生きていたい、ところが、魂は早くあの世に行きたがっているということです。だから、長生きすることは決していいことではないんです。

これは皆さんも知っておいたほうがいいと思います。

例えば、「余命3ヶ月」などと言われたら絶好のチャンスです。死に直面すると、その間に意識を極度に集中させることができるので、短期間にすごい能力を開花させたり、自分自身を成長させられるからです。

そのように死を捉えていけば、死も怖くなくなり、常に、魂意識（霊体）、エネルギー体で生きていけるようになるでしょう。

このように、神医学では、これまでの死の概念を根底から覆し、魂意識、エネルギー主体で生きられるようになります。

人間医学では、身体があるうちは「生」で、身体がなくなったら「死」です。

しかし、神医学は、身体があろうがなかろうが両方共「生」です。つまり、「死」というのは初めから存在しない。両方「生」であって、あえて言うなら身体がある「生」は重くて、身体から抜けたほうが軽くて楽な「生」と言えるでしょう。

この人間医学の一番の弱点である、「身体をなくしたら終わってしまう」「死は終わり」という感覚、これが不安や恐怖を作り出している最も大きな原因の一つです。

○生まれてくる前に本人が選んでくる魂のシナリオ

個々の魂意識は、この世に生まれてくる前に、どんな親の元に生まれ、どんな人生になるか、どんなふうにあの世に帰るかも予め決めてきています。

魂の意識が地球に入る直前には、入ろうとする人の生まれる瞬間から亡くなる時までのシーンが、走馬燈のように全部見えるのです。しかもそれは０秒です。

そのように、人生の大まかなシナリオは決まっているのですが、所々ここからここに行くのに少し違う選択肢もある、というグレーゾーンもあります。

このグレーゾーンは、何層にも見えます。例えば、40歳で亡くなると決めていたとしても、それを選ぶのは生きているときの自分の意識次第であって、すべて100%決定しているわけではなく、しかもそこでの選択枝はパラレル宇宙にもあるのです。

なので、生まれてくるときには設定していなかったことでも、私が患者さんのシナリオを書き換えたケースもたくさんあります。

その患者さんも、私の授業を受けたり、本を読んだりイベントに出たりして次元が上昇したため、生まれる前はここまでしか設定しなかったけれど、ここまで行こうと自分で書き換える選択をしたのです。

ようするに、魂のシナリオ通りにも生きられるし、高次元化することでパラレルな自分と書き換えて奇跡を起こすこともできる、それが神医学です。

○いつ死ぬかは魂意識（宇宙の叡智）が決める

神ドクターにとって大事なことは、患者さんの魂が望んでいることを叶えてあげることです。ですから、その人がこの世からいつ去るか（死期）についても、その人の魂意識

（宇宙の叡智）が決めることなので、邪魔をしないことです。

それとは反対に、人間医学では患者の死は医者にとって敗北なので、何としてでも患者を死なせないように延命処置をしたがりますが、それは余計なことです。

例えば、その人がもう食べたくないのだったら食べさせてはダメなのです。食べたくないのに無理やり管をつないで栄養を流し込むようなことをしてはいけません。それこそ拷問です。宇宙の叡智、魂はいらないって言っているのだから。

また、その人が「もう動きたくない」と言っているのに、無理やり動かすのもＮＧ。そのままじっとしていたら穏やかに逝けるのです。穏やかに死にたいからこそ、その人は動きたくないのです。

今の医学や介護の現場では、延命第一主義で、本人の魂の希望は一切無視しています。これは現場が高次元とつながっていないからで、高次元から見たら、その人がこの世で生きた「長さ」（期間）が問題なのではないのです。

人生のシナリオの中で、どれだけ進化・成長できたかが大事なのであって、地球に体験しに来たのは、たとえ一瞬であったとしても大事なことが学べるからです。

したがって、誰もが長生きすることが幸せでもないし、例えば、流産した胎児や短命の人、飢餓の人であってもそれは本人が決めてきたことで、その中で学びを体験しているのです。それなのに、「かわいそう」といかにも自分が善人ぶった顔で言うのは全くナンセンスです。

大きな自然災害にしても、宇宙の叡智が選んだ結果なので、そこで亡くなっていく人は運命です。自然災害に遭うことによって、学び、成長することを選んだのです。

それなのに、すべて復興するまで支援し続けなくてはいけない、というのはお門違い。

そもそも、異常気象は、人間が無理やり自然の流れを変えようとするから無理が生じ、自然界がバランスを取ろうとしているのであって、そのつけが人間に返ってきているだけのことです。

まして、これほど頻繁に各地で災害が起きていて、誰もがボランティア活動や復興支援に携わっていたら、それだけで人生が終わってしまいます（それを魂のシナリオで決めている人以外は）。

魂から見たら、他人の心配よりも、自分の中の叡智を満たすことが先決です。

なぜなら、宇宙の叡智から見たら、被災した人たちはその被災体験から学び、成長するというシナリオを選んできた人たちだから。他の人は、その人たちが「勇気ある選択」をしたことを尊重しつつ、各自が自分の魂の課題にチャレンジすることのほうがより大事なのです。

○流産や発達障害等々も魂同士が決めた約束

一見、悲惨に見える出来事や困難な障害であっても、それを体験することを選んできたのはあくまで本人です。

例えば、流産や死産も同じで、これも親との約束事です。母親に悲しみを学ばせると同時に、一方で、母親は自分を選んでくれたことの喜びが一瞬であっても得られます。

喜びは永久に持つことではなくて、一瞬であってもとても大事な体験であり、そこに成長のための学びがあります。ようするに、流産や死産を体験することによって、胎児はお母さんに対して「子供がいるから幸せなのではない」「あなたは自分自身を生きなさい」という強いメッセージを送ることができるのです。

そういう約束をしてきているので、不幸でもなければ、まして自分を責める必要もないのです。

また、保護者からDVを受けている子どもも増えていますが、宇宙の叡智、神から見たら、彼らはDVを受けることを承知で生まれてきています。

そこで大事なのは、子ども自身はもちろん、親や周囲の大人たちがそこから何に気づいて何を学ぶか、です。そこに進化・成長がなければ、同じことが何度もくり返されるだけのことです。

「あんな悪い親は厳罰に処せばいい！」と正義感を振りかざしたり、「あんな親元に生まれてよっぽど運が悪かったのね」「可哀想に」とただ嘆いている人たちは、その子の選択を全く尊重していないことになります。

自閉症やADHDなどの発達障害児も同じです。子どもは親になる人と「自閉症、発達障害で行くけどいい？」「じゃあ、私、受け入れるわ」と宇宙で約束する。そして生まれた途端に、約束したこと忘れることになっています。

彼らは、自分が好きなことや興味のあることだけに突出しています。だからこそ、普通の人とは違う役割があります。これまでの地球は、みんな横並びで、ロボットのような同じ人間ばかりつくろうとしてきました。

だから、発達障害の子どもたちは、「普通の人と同じことをしなくていいんだよ」「あなたはあなたの生き方を学べばいい」ということを親にも学ばせるために、その個性を選んできたのです。

○五体満足や他人が持っているものが幸せとは限らない

さまざまな障害や難病なども、魂が選択した結果です。

治す術がない病気や障害を持って来る人は、そのままの状態でも自分はそれ以外の才能があるということに気づいたり、天賦の才を周囲に知らしめる役割があります。

例えば、喋れない人が優れた文章を書くとか、手が使えない人が口を使って筆で上手に絵を描くとか、目が見えないけれどピアノがすごく上手い等々。実際にそのような感動的な姿を見せてくれている人たちは世の中にたくさんいます。

このように、難病や障害のある人は、「五体満足が幸せではない」「他人が持っているものが幸せなのではなく、幸せは自分にしかないものの中にある」、それに気づいたり、また気づかせる役割があるのです。

若くして早く亡くなる人も、「ただ生きながらえることが幸せではないこと」「大事なのは魂が後悔しないこと」を学んだり、学ばせます。このようにすべて意味があるのです。

三次元の人間医学はそういうところが全部抜けていて、五体満足だから幸せ、健康だから幸せ、長生きだから幸せ、などと思い込んでいて、少しでもそれが脅かされそうになると不安と恐怖にさいなまれるという脳意識に支配されています。

だから、自分や子どもが生まれながらの障害者だったり、原因不明の難病になったり、末期がんになったりすると、「どうして？」「なぜ私だけがこんなひどい病気にならないといけないの⁉」「何も悪いことはしてないのに……」などと多くの人が嘆くのです。

そんな患者さんに対して、三次元の人間医学のドクターはこう言うでしょう。

「不運だったと諦めましょう」「生活環境が悪かったから」「あなたの食べる物が悪かったから」「気持ちの持ち方が悪いから」と。

しかし、そこで神医学のドクターは、はっきりとこう伝えなくてはなりません。

「それはあなたの魂が望んでいたことです」と。この一言があるかないかで、患者の心はいかに穏やかになるか……それはその言葉を聞いて魂が納得するからです。

その人が生まれる前に、地球にくる前に、いつ・どこで・何を・どのように体験するか、いいことも悪いことも、いつ・どのように死ぬかも自分で決めてきているからこそ、「あぁ、自分の魂が望んでいたからこの病気になったのか」と正面から受け止められて、そこで初めて体験から学ぼうとするのです。

例えば、日本人の２人に１人の割合で増えているがん。がんは、自己細胞が変異して暴走した結果です。でも、それもすべて自分の細胞なのです。

つまり、がん細胞は自分を愛することを教えるのに最高の素材であって、その人に許しや感謝といった自己愛を学ばせるために発生しているのです。

それなのに、人間医学ではがんを敵と見なして叩こうとします。抗がん剤で叩いて、手術で取って、放射線で叩く。これをやっている限り、人類は永久にがんを克服できないでしょう。

○神ドクターから神医学を志す医者たちへのメッセージ

これまで述べてきたなかで、神医学では従来の病気に対する見方が全く逆転していることがおわかりいただけたでしょう。

病気や障害を持ったということは、全部そこに意味があるということです。

そんなことを全く何も考えずに、悪だから、不幸だからと全部否定的に捉えてしまうと、せっかくの魂の進化・成長の機会が台無しになってしまいます。

病気や障害を持ったら、自分で選んだものだからそれを大事にする。それをしっかり噛み締めて、受け入れて、そこを消化して、自分自身の進化・成長につなげて行く――この気づきと学びこそが魂にとって重要であり、そこを促していくのが神医学の役割です。

もちろん、医学の分野だけではありません。

神医学、神の視点からすると、人に騙されたり、痛い思いをしたり、失敗したり、成功する・しないも、全部本人が決めてきています。すべて自分の魂が望んでいるからこそ、それを体現するために自分の身に起きたのです。それを受け入れるところからすべてが始まります。

ですから、神医学のドクターならば、患者さんに対して、

「あなたはこんな大変な病気を選んで、とても勇敢なお方ですね。尊敬し、敬意を払います」って言ってあげればよいのです。

そうすると、患者さんは、「自分は病気で不幸じゃないんだ、勇ましいんだ」と瞬時に気持ちを切り替えるでしょう。

そして、「これからあなたは何を学ぶんでしょうね、何を気づくんでしょうね」と誘導しながら、「あなたが気づいて学んでいくうちに、あなたは病気や症状を持たなくなっていくでしょう」と説明してあげる。

末期がんで余命3ヶ月と言われたという人には、「あなたには3ヶ月が最適なんです。でも、そこでがんの意味がわかった瞬間にシナリオが書き換わって、余命が延びることがいっぱいあるんです。それに気づかないと3ヶ月で死ぬんです」と。

このように、医者は、患者さんの気づきや学びを引き出すサポート役です。

病気であり続けるのは、まだ気づいたり、学んだりしていないからです。自分で設定した気づきとか学びを得られないから、ずっと同じ振動数のままなのです。

そこで、魂が生まれる前に設定した気づきと学びを終えれば、振動数が上がって、自然と症状がなくなるのです。つまり、気づきと学びこそが、高次元とつながるエネルギーのパイプになるのです。

この点が一番大事で、これからの医学はそのように患者さんを誘導してあげて、高次元の視点から説明してあげる、それが本当の救いにつながります。

ですから、患者さんのためにも、今の人間医学に疑問を感じているドクターたちには、ぜひ神医学への方向転換と、そしてまずドクター自らが高次元に向けて次元上昇を果たしてほしいと思います。

ただ、そこで一つ壁があるとすれば、医者はとてもプライドが高いという点です。

だから、相手が自分より下だと思ったら徹底的に偉そうな態度になる、そんな種族です。なので、私は最初から彼らに対してズバリこう言います。

「神も高次元存在も、神ドクターである私が書き換えている。だから、人間であるあなたを書き換えるなんて簡単なことだよ。高次元からすれば医者が偉いわけではないよ」

「あなたみたいに天狗でね、自分たちが最高だと思っている人間が人間を変えられるわけがないよね」

「私は、イルミナティやフリーメイソンのエネルギーを方向転換させるのにも自分のエネルギーを使っているので、世の中もこれから劇的に変わっていくよ」と。

第6章

これが奇跡を起こす神医学の高次元診療だ!

○高次元DNAと反応しあっている松果体

人間医学は、いつまでももがき続けることになるので、暗く悲しい空気の雰囲気が漂っている。それに対して、神医学は、喜びと感動しかありません。なぜなら、自分が選んだシナリオ通り生きられるようになるからです。

実際、私の診療所に来られた人はすぐにわかりますが、私の振動数が高く次元が高いので、診療所そのものがパワースポットになっています。

地球の一般社会に比べて、私の診療所は次元が高すぎるので、ここに来るだけで変わるのです。それだけ高次元のエネルギーは魂意識のエネルギーの乱れを瞬時に修正する働きがあるということです。

というわけで、この最終パートでは、魂意識にアプローチする神医学の具体的な方法と、その際に最も重要なポイントとなる松果体の働きについて説明したいと思います（詳しくは『松果体革命』ナチュラルスピリット刊を参照）。

まずは、一般には知られていない高次元ＤＮＡと松果体の働きから。

私たちは一人ひとり異なる遺伝子を持っていて、その遺伝子はＤＮＡという2重螺旋構造の一部になっていることは、皆さんよくご存知のことと思います。

ＤＮＡは目に見える物質情報であり、塩基配列（分子コード）に基づいて身体の細胞や器官、臓器などが作られることから、「身体の設計図」とも呼ばれます。

ところが、それだけでは人間というものは作れません。例えば、心臓を1分間に50～60回動かしたり、呼吸を20回したり、また必要なホルモンや酵素を分泌したり、傷ができたら元の状態に治したり、毒や外敵を排除する。このような情報はＤＮＡの構造の中には見つかっていないのです。

実は、目に見える2重螺旋ＤＮＡとは別に、その外側には目には見えないＤＮＡ螺旋が存在していて、その見えないＤＮＡは6層になっているのです。

まず、2重螺旋ＤＮＡのすぐ外にある見えない4重螺旋ＤＮＡには、身体をいかに動かすかについての情報が、その外側にある6重螺旋ＤＮＡには身体をいかに治すか、さらに外側の8重螺旋ＤＮＡには身体のシナリオ、10重螺旋ＤＮＡには性格、感情、能力に関する情報、そして一番外側にある12重螺旋高次元ＤＮＡには、その人の人生と身体のシナリオが書かれているのです。

つまり、この見えない6層の12重螺旋DNAに書かれた情報が、地球に生まれる前の魂意識が、魂意識の進化・成長のために選択したものなのです。

そこには、人生の良いことも悪いことも書かれており、それらは、気づきや学びを生み出す最適な課題、テーマとして設定したものです。

しかし、地球に誕生した瞬間に、それらを設定した記憶は一瞬にして消え去るようになっています。なぜ記憶を消すかというと、魂意識が事前に設定したストーリーを思い出した瞬間に共鳴を起こし、その体験を通じて気づきや成長がもたらされるからです。

12重螺旋高次元DNA（高次元DNA）のそれぞれの層に入っているすべての情報は、固有の波動を持っており、魂はこれを見分けるのです。

その魂意識が、予め自分が設定してきた情報を見分ける対象が第2章で述べた「松果体」です。この松果体は、地球人の理解の範囲を超えた高次元の要素がすべて入り混じった形で一つのストーリーを奏で、エネルギーとして存在しています。

○すべての体験は自己の魂が選択した「お喜び様」

魂には、松果体の光（シリコンホール）が発するエネルギー）に反応しながら、高次元DNAに組み込まれたシナリオをどんどん書き換えることができる可能性が秘められています。

例えば、もともとのシナリオに「失敗する」という筋書きがあります。つまり、予めそのタイミングで失敗をするというスイッチが「オン」になる設定がされています。この失敗体験によって必要な気づきや学びを得て、進化・成長するためです。

そこで気づきや学びを得ることによって、失敗スイッチが「オフ」になります。

もちろん、失敗には、病気や倒産、失業、離婚、被災等々、人生の困難な出来事すべてが含まれます。

ところが、失敗した事実に対して、「運が悪かった」「騙したヤツが悪い」「〇〇のせいでこうなった」などとネガティブな受け取り方や後悔ばかりしていると、シナリオのスイッチはオンのまま持続し、また同じような失敗をくり返すことになります。

逆に、失敗した事実から何かを学び、「失敗したことで気づけた」「騙されたことで学んだ」「辛い体験をしたからこそ感謝ができた」などとポジティブに受けとめられたならば、その瞬間にスイッチがオフになるのです。

そしてこのときに、自分への後悔や相手に対する憎しみさえも、感謝として書き換えられます。

また、オフだったスイッチがオンになることもあります。

例えば、人から優しさを受けた場合、「自分は助けてもらって本当にありがたい」と感謝をすると、「人の恩恵を受ける」という高次元ＤＮＡがオンになり、そのまま持続していつも人から親切にされる人生になります。

このように、魂のシナリオのテーマ（課題）を受け入れて、気づきや学びを得ることで、オンだったものがオフになったり、オフだったものがオンになったりして、より進化・成長していくということです。

シナリオ通りに生きて、そこから進化・成長すると、ＤＮＡ螺旋はスムーズに存在します。一方、今の自分を否定して、もがいたまま受け入れないでいると、ＤＮＡ螺旋は絡んでしまいます。

そうなると、書き換えられる理想的な遺伝子のオン・オフが起こらなくなってしまいます。

これがいつまでももがき続けて、低次元に留まってしまう現代人の姿です。そこに気づかなければ、楽で愉しいぷあぷあ人生はやってきません。

そこで、失敗をしたり、どんな病気になったとしても、「これは自分が選んだ人生と身体のシナリオなんだ。だから、自分の意識の持ち方次第で奇跡的なＤＮＡのオンとオフが起こるかもしれない」と思えたら、とてもラッキーです。

なぜなら、それが松果体のポータルが開いて、好循環が生まれるカギだからです。

たとえ難病になったり、余命数ヶ月と言われたとしても、「今の自分は最高だ」と捉えることで、自分が望むシナリオに新たに書き換えられるようになるのです。

人生も身体も、体験することはすべて自己の魂が最高のシナリオとして選択したこと。

だからこそ、すべて「お喜び様」です。

○ドクタードルフィンの神医学には対面診療と遠隔診療がある

何があっても、いつも「お喜び様」の意識でいると、振動数が上がって松果体が活性化しやすくなります。そうなると、「なりたい自分」が存在する多次元のパラレル自分宇宙を自由に選択できるようになります。

同時に存在する過去の自分、同時に存在する未来の自分、同時に存在する今の別の自分、今の自分と違う別の宇宙にある自分とその環境、そのいずれかに一瞬で移動できるのです。

神医学のドクターは、一人ひとりの患者さんにとっての、多次元のパラレル自分宇宙へのポータルを開くサポート役です。

松果体のシリコンホールを超活性化することで、ポータルが強力に開いて、その瞬間に「なりたい自分」に入れ替わる、それを高次元のエネルギーやポジティブな言葉でバックアップしてあげるのです。

これが、ドクタードルフィンの「高次元DNA診療」によって、毎日当たり前のように奇跡が起きている理由です。

というわけで、まとめの意味で、私が日々行っている神医学の具体的な方法を以下に記しておきましょう。

ドクタードルフィンの神医学には、対面診療と遠隔診療があります。

対面診療は、鎌倉ドクタードルフィン診療所にて、ほとんど身体に触れることのないDNAリニューアル操作にて、3分ほどで行われます。

それにより、患者さんは、多次元でパラレルに同時存在する別宇宙にいる別の本人とゼロ秒にて入れ替わります。

だから、プロセスもゴールもない、奇跡の無限の可能性を生み出します。

対面診療では、まず、ドクタードルフィンの目の前に坐った患者の背中に触れ、宇宙の叡智エネルギーが背骨の中をスムーズに流れるようにします。

その後、患者の頭の周囲に手をかざし、患者の6層の高次元DNAの対を引き離します。対の片方の高次元DNAにペアとなる高次元RNAが出現します。

そして、必要な高次元宇宙のエネルギーを高次元DNAコードとして組み込みます。

（『高次元DNAコード』（ヒカルランド刊）を参照してください）。

このように、書き換えられた高次元RNAを新たな高次元DNAに転写し、最後に片方どうしの高次元DNAを引き合わせて、新しく書き換えられた高次元DNAの対を創り出します。

この一連の操作を「DNAリニューアル」と呼びます。

遠隔診療は、時間も空間も隔てて行われ、それらの制限を一切受けません。

これは、医師が行う世界初の、超次元・超時空間遠隔操作であり、必要なのは、患者の氏名、生年月日、住所（都道府県名または国名）だけ。

この基本情報だけわかれば、ドクタードルフィンが、患者と離れた環境にて、患者の松果体の高次元ＤＮＡを瞬時にリーディング（遠隔読解）をして、ＤＮＡリニューアルとして書き換えます。

そして、本人が地球に来た理由やテーマ、うまくいっていない理由、うまくいかせるためのアドバイスを、数行で記述したのち、遠隔操作のＤＮＡリニューアルにて、患者の高次元ＤＮＡを書き換えます。

次に、ドクタードルフィンは、その修正され、書き換えられたＤＮＡエネルギーを、宇宙にアップロードします。

その後、患者さんは、いつでも、どこでも、都合の良い時と場所で、そのエネルギーをダウンロードできるようになります。

こうして、患者さんのＤＮＡは、ダウンロードした瞬間に書き換わり、別の宇宙にいる、別の本人と入れ替わることができるのです。

以下は公式ホームページにも掲載している内容ですが、初めての方のために遠隔診療（人生＆身体コンサルテーション・松果体ＤＮＡリニューアル）の流れと、受診された方々からの感想（一部）を参考までに記しておきましょう。

《遠隔診療（人生&身体コンサルテーション・松果体DNAリニューアル）》

ドクタードルフィン松久正による遠隔診療は、診療所に通うことなく、受診者ご本人（またはサポートする方）から、人生の悩みや困難または身体の症状や病気、改善したいことや望む内容をドクタードルフィン松久正に伝え、その状態（＝高次元DNAが絡んでしまっている状態）をドクタードルフィン松久正が修正し、人生と身体の問題の解決を誘導します。

※受診者の松果体状態を読み、修正し、書き換えることを「松果体　DNA　B∞B（ビッグバン）」による「DNAリニューアル」と呼びます。

遠隔診療では、受診者の身体と人生における問題の解決に向けたアドバイスを、コンサルテーションとして行います。

遠隔診療（人生&身体コンサルテーション・松果体DNAリニューアル）について

◎診療形式

・人生&身体コンサルテーション＝診断結果アドバイス
・松果体ＤＮＡリニューアル＝エネルギー調整
1　ドクタードルフィン松久正による、人生と身体のコンサルテーション
2　ドクタードルフィン松久正による、松果体ＤＮＡリニューアル（エネルギー修正・書き換え）
3　受診者による、修正・書き換えの受領（ダウンロード＝エネルギーへのアクセス）

◎診療内容
1　人生や身体の問題を解決するためのアドバイスを主とするコンサルテーション
2　松果体状態のリーディング
3　松果体状態の修正・書き換え

◎コンサルテーション返答内容
1　松果体状態リーディングの内容説明
2　人生と身体の問題を解決するためのアドバイス

◎受診者による受領（ダウンロード）の方法

受診者は、メールに記載された次の情報を声に出して唱えることで、ダウンロード（＝エネルギーへのアクセス）ができます。ダウンロードは1回だけ行ってください（アップロードされた松果体ＤＮＡエネルギーは、1回だけダウンロードできます。）

「氏名」

「生年月日」

「ドクタードルフィン」

「松久先生が実施した時間（松果体ＤＮＡリニューアル　実施時間）」

※受診者は、ご都合の良い時にダウンロードを行えます。

※声に出せない方は、心のなかで唱えていただくことでもダウンロード可能です。

◎相談内容について

原則として、解決・改善したい人生や身体の問題の中で、ご自身の最重要事項に絞って、簡潔にご記載ください。

多くの相談内容の記載がある場合、診療者が最重要事項と思われるものを選択し、それを中心に、要点を簡潔にアドバイスします。最重要事項以外の問題については、軽く触れるか、全く触れない場合があります。

◎お申し込みの前に

※ドクタードルフィンは病気を治すことを目的にはしていません。

自分自身が本来持っている「人生や身体の問題を解決する能力」を最大限に発揮させることを目的としています。ご理解の上お申し込みください。

※書籍を読まれたことのない方は、必ずご一読いただいた上でお申し込みください。『シリウス超医学』『松果体革命』『高次元ＤＮＡコード』『神ドクター』『神医学』がお奨めです。

※遠隔診療は、人を対象としています。

今後は、人への遠隔診療と同等の、ペット・動物に対するコンサルテーションを検討中です。遠隔診療の詳細は、案内ページをご覧ください。

※お申込み・入金後は、いかなる状況でも返金いたしかねます。何卒ご了承ください。

《遠隔診療を受診した皆様からの感想》＊一部抜粋

実際は、遠隔診療を受ける方は男性が半数を占めます。しかし、感想をお送りいただくのは女性の方が多いようです。


松久先生、スタッフの皆様、お喜び様です。

3ヵ月前に遠隔診療して頂きました、◯◯と申します。

その節は遠隔診療をして頂きまして、本当にありがとうございました。

持病の悪化であちこち手術の話を告げられ、恐怖や不安、悲しみでいっぱいの毎日を過ごしており、絶望の中、松久先生の事を知って以来、松久先生以外他の病院は考えられませんでした。

それから毎日動画や本等を拝見させて頂いております。

遠隔診療をして頂いた数日前に、涌《わ》き出てきた感情が、頂いたメッセージに同じ言葉で書かれてたので、ビックリと共に腑に落ちました。

今まで病院に行く度に持病が悪化してたのですが、松久先生と出逢ってから、あれだけ恐怖等でいっぱいだった日々が嘘の様に、気が付いたらいつの間にか動悸等が減ってたり、恐怖の方を考えなくなっただけじゃなく、希望すら涌き出てくる様になりました。

松久先生に遠隔診療して頂いた翌月に検査があったのですが、悪化の連鎖がＳＴＯＰしてました。また来月も病院に行くのですが、今では次はどんな奇跡が起こっているかな？と楽しみです。（笑）

松久先生と出会って以来、珪素を摂取したり、我が家の愛猫達にも好きなだけ食べさせたり、お喜び様等を毎日伝えています。

先生から頂いたメッセージの事を実践していき、ぷあぷあな人生を歩んで生きたいです。

元気になって、必ず松久先生にお会いしに行きたいと思っております。

昨年は、これから松久先生とご縁がある事をお知らせして下さってたかの様に、菊理媛神様とご縁が沢山ありました。

松久先生と出会えた事が本当に嬉しいですし、感謝の気持ちでいっぱいです。

またお願いさせて頂く事があるかと思いますが、その際は何卒、宜しくお願い致します。

長文失礼致しました。

この度は、本当にありがとうございました。（女性）

おはようございます。今まで自分の周りで起きていた事柄に、すっとそうだったのかと、腑に落ちることばかりでした。あるがままにすべてを受け入れる。両手をひろげ自分を包み込みたいです。ありがとうございました。（女性）

お喜び様です。

エネルギー診療をありがとうございました。今生のテーマを知り、松果体の高次元ＤＮＡエネルギーをアップロード後、涙があふれてきました。

今ここから、新しい気持ちで、あるがままの自分を受け入れます。

ありがとうございました。（女性）

遠隔診療ありがとうございました！

１週間たち、ご報告させていただきます。

早速ダウンロードすると、感謝の気持ちに溢れ涙が出てきました。

愛に満ちたDRドルフィンの存在が感じられ意識を向けるだけでエネルギーがハートで感じられ温かい波動で満たされました。ドクタードルフィン！　すごい！　です。

診療結果を読み、実際には自分の事を認めていない、許していない、好きでない自分に気付かされました。自分のすべてを受け入れる、認める、大好きになる、感謝する……「すべてOK」それがすべての始まりだと思いました。

ダウンロード後、日常的には、恐怖をベースにした選択をしないようになりました。

ダウンロード後の3日間は、毎晩感じていた底知れぬ恐怖が消えていたのですが、4日目に、メガトン級の恐怖がわいてきてすごかったです。

サポートもあり、涙も出して乗り切り、ここ2、3日は「恐怖が出てきそう……」という恐怖や小さい恐怖が時々まだ出てくるのですが、短時間で消えていきます。そして、「何でも来い！」という境地になってきています。すべて魂の設定なら味わいつくそう‼

……と。

およそ1年前に予約した対面診療まであと3ヶ月をきりました！

それまでに、今回いただいた課題に愉しく取り組んで、遠隔診療もあと何回か受けさせていただきたいと思っております！

ありがとうございました。（女性）

明らかに変化した事は、「こうならないといけない」「こうでないといけない」というこだわりや執着が激減しました。物の解釈のしかたが変わり、「別にどっちでもいい事じゃん」と思う対象が激増しました。どちらも良いって事は沢山あるんですよね。あと、世間の価値観と自分の感覚が違い過ぎている部分が多くても、それは問題がないと気付きました。今のままの私でもＯＫだと気付き、それが気にならなくなったのです。

ビックリしたのは、いつの間にか自分から肉を食べる様になっていました。遠隔が終わった次の日から、肉まん、餃子、レバー、ステーキ、チーズ類がやたら食べたくなりました。これらは、今迄は長年食べたいと思った事がありませんでした。食べたいと思った事がないというより、その欲求を抑圧し続けていた為に、自分で自覚出来なくなってしまっていただけみたいです。「肉や乳製品を食べても実は問題がない」事に気付きました。長年学んで来た、頭の中で信念体系化した事と全く違う事実をすんなりと認められた事にビックリしました。

「身体に良くて美味しい食事が好き」という感覚はそのままですが、白砂糖や添加物は摂りすぎなければ問題がないと許容出来る様になりました。信念体系化したものが上手く崩れて、信念による生き方の動機になっている不安が氷解した変化なのかも知れないです。心臓に生まれつき疾患があるので、長生きしたいと思ってそうした訳ではないです。ただ、今迄の自分は身体の状態が悪化する事を恐れながら生きていました。その恐れから目を逸らす目的で信念体系化したものにしがみついたまま生きていました。「恐れなくてもいいんだ」と気付いたのかも知れないです（o゜▽゜)o

勿論、ベジとして長年生きて来た事で料理への幅が広がった事も良かったです。美味しい精進料理やビーがん料理やビーがんデザートも沢山知ったのは楽しかったし喜びです。あと、長年肉を食べていなかったからこそ、その分美味しく感じているのもあります。それも喜びです。肉がなくても色々な料理を楽しむという事をも覚えたので。それも幸せな体験です。

が、また肉を食べる様になった事で人生に幅が広がりました。勿論、長年のベジ体験も人生の幅を広げてくれました。良かったです（^o^）

白砂糖は悪の存在でない。その事に気付いたのも幅が広がりました。勿論、白砂糖を使わない身体に優しいお菓子や料理を沢山知った事も人生に幅を広げてくれました。

まだセッションが終わってから4日後なので、明らかに変化した事はこれです。他には、前より精神面にだいぶ余裕が出て来たです。「今のままでいい」が実感出来る様になりました／(^o^)／

今後、別の変化が見られたらまたメッセージします。（女性）

この度は診療ありがとうございました。大変感謝しております。私は受け取り時にエネルギーなどを体感できない方なのですが、ダウンロードさせていただいた前と後で自分の顔写真を撮り見比べたところ、前と後で全く異なり驚きました。顔の生気が戻ったように思いました。また姿勢がシャキっとしたように感じました。いただいたアドバイスも短い文章ながらもとても的確で腑に落ちるものでした。また、一緒にいた赤ちゃんが急に元気にハイハイして階段を登り始めたり、周りの人がなんとなく優しかったりなどの変化も感じました。色々なセッションを受けたことがありますが、一番体感と変化を感じるものでした。その場限りにならぬよう、いただいたアドバイスを実行し、波動を上げ成長していきたいと思います。（女性）

先生、早々にありがとうございます！　わたしは、これまで自分を忘れていたようです。いつも周りや他人に映る自分を自分だと信じてきました。でもそれは、全くもっての勘違いでした！

顔のゆがんだ自分を愛せなくて、他人の顔色によって自分を悲しませたり、落ち込ませたりして、どんどん自分から離れてしまったのです。

ありのままの自分を愛するために、顔面神経麻痺というこれ以上ないシナリオを設定したのだと気づかせていただきました。

自分から思いっきり離れる体験をして、再びゼロポイントの自分に戻る体験を知ることができました。

わたしはわたしにただ愛されたかっただけ。ホッとしました。

はい、どんな自分も無条件に愛します。

おかげさまで、身体がポカポカしています。

先生、ありがとうございました☆彡（女性）

遠隔診療をしていただき、ありがとうございます。会長が大切なのは今年中、思考の書き換えにはドルフィン先生しかいらっしゃらないと何度も仰っていました。ダウンロードして声に出し、強く念じると、直ぐに右脳から頬、身体の右側に弱い電流が走り始めて収まると、数時間車酔いのような状態になりました。その後、びっくりするほど心身が軽快になり、今まで縛られていた思考から飛び出ました。ドルフィン先生からのお言葉を何度も読み返し、自分を必要以上に責め続けていたネガティブな思考の意味が理解でき、消えてしまいました。会長から何度も何度も教えてもらっているのですが、コトバの表現が違うので、とてもありがたいです。生まれ変わった喜びが嬉しくてすぐに会長に連絡しました。感想をお伝えしてねとのことでしたので、感謝と喜びをお伝えさせていただきます。今月ドルフィン先生と再びお会いできることを幸いに存じます。よろしくお願いいたします。ありがとうございます！（女性）

手足身体中がポカポカし、頭がクリアです。何とも言えないいい気持ちです。最近、とても疲れていたのですが、こんな状態になり、ビックリです。頭に何か入れていただいたような感覚、後頭部があったかいです。安心した気持ちです。

自信を持って楽しくプワプワに浮かび
これからの人生、自分存在を全て受け入れ生きていきます。
貴重な遠隔療法を受けさせていただきありがとうございます、
感謝の気持ちで一杯です。
ありがとうございました。（女性）

ドルフィン先生、お喜びさまです。

先生にコンタクトできて、どんなに私の魂が喜んでいることでしょう。涙が止まりません。

先生のおっしゃる通りですね。

しっかりと自分を称え、愛を注ぎます。

また心身共に変化もありましたらまた感想メールで送らさせていただきます。

本当に嬉しい☆。先生にずっとお会いしたかった。（女性）

先日は遠隔診療をありがとうございました。診療を受けてから2か月近くになりますが、
時間が経たないと分からないこともあるのだな、と最近つくづく感じています。

ある日、左肩に激痛が走り「肩石灰性腱炎」と診断されて、先生の遠隔診療を申し込んだのですが、それは、症状に対する不安よりも「私が（この症状を通して）何を学ぶべきなのかを知りたい」という強い動機からでした。そうすることは単に肩の痛みを解消するだけでなく、これからの人生すべてにおいて、道を照らす光となってくれるだろうという確信があったからです。

ダウンロードした時、松果体がぐるぐる回るような感覚があった後、喉が詰まったような感覚に襲われました。「ははぁ～ん（やっぱり）。」という感じでした。なぜなら、これまでにも多くの霊能者から「あなたは喉（のチャクラ）に問題がある」と言われていたからです。エネルギー的に問題があったのは、実は「肩」ではなく、「喉（のチャクラ）」だったのです。私のエネルギーの流れはここ（喉）で詰まっていたのだ、とはっきり分かった瞬間でした。

その後、肩の痛みは（だんだん和らいできたものの）急激に良くなったわけではありませんでしたが、問題の本質を悟った私はもう不安になることはありませんでした。肩のほうは「無視」して過ごしていました。それより、「本来の自分で生きよう」とすることに努めたのです。

それから約2か月。今は肩は何ともありません。あれ？あんなに苦しんだ激痛はどこへ行ってしまったのでしょう（笑）。

ドクタードルフィンの遠隔診療を受けようとお考えの方には、先生の著作を読んだり、セミナーに参加されることをお勧めします。これは単なる「診療」ではありません。とても深い意義があるものです。身体の症状がある人もない人も、一度お受けになってはいかがでしょう。

人生が変わります。（女性）

松久先生、天才バカボンの歌を歌うようになれました。お陰様です。先生も、御自愛くださいますよう。感謝を込めて。（女性）

遠隔診療ありがとうございました。すぐにダウンロードいたしました。

おかげさまで歯痛は数日後にほとんどなくなりました。歯が痛むのは本当につらかったので、大変感謝しております。

内面の問題は日々向き合っていますが、努力するのはプアプアではないので、課題の「自己存在意義の強化」はそう簡単ではなさそうです。今、窓の外では木の枝が強風に揺れています。でも幹はびくともしません。そんなのを見ていいなあと感じています。

取り急ぎ、お礼とご報告まで。（女性）

松久先生、お忙しい中申し込ませていただいた翌朝に遠隔診療をしていただきまして、本当にありがとうございました。これまでずっと〝ガチリ〟まくっていて、地球的努力をしまくっていて、高次元ＤＮＡのからみ・詰まりをどんどん悪化させていくような人生を送ってきて、どん詰まりのいまこの時期に松久先生と（本や動画で）出会い、現代医学では奇跡としか言えないような診療を施していただき本当に本当に、感謝です。

メールの内容を口にさせていただいたその時から、あれほど引きつっていた左の腹斜筋と骨盤の表層筋群がゆるんでいて、すっかり違和感や痛みは無くなっていました。とっても驚きました。（人生→性格・感情→身体の順に変容するとＨＰに記載されていたので、ひどかった人生や性格・感情の詰まり・からみも、しっかりリニューアルして頂いたのですね！）おかげさまで、どろどろの悲壮感で落ち込むことも無く、「自己破産」の道を選択し、実家に帰ることを決断致しました。

松久先生の本と遠隔診療がなかったら、きっとガチりまくりの地球的努力ばかりで、時代遅れのまま、同じ事の繰り返しの人生でまた苦しみまくっていたことと思います。(自分で自分の高次元DNAをさらに余計に詰まらせていたことと思います……)煮え切らないまま楽しめるようになって、〝ぷあって〟いけたらなあと思っています。先生、本当にありがとうございました。

ところで、先生の本、全部で9冊買わせていただきました。全部が全部、本当にすごい内容ですし、ものすごく感心させられますし、10代の頃からずっとずっと知りたかった「宇宙レベルの内容」です。とても楽しいです！

古くさくて時代遅れ(プロトタイプ)の「鋼鉄パンツ」所有者の方でなければ、きっと「この先生の言っていることは間違いない！　ホンモノだ！　話がよくわかる！」と頭(脳)ではなく直感や感覚でわかると思います！

ドクタードルフィン松久先生、今世に地球で出会えて、本当に良かったです！　本も動画も、少しずつですが全部見させていただこうと思っております。先生のお役目、応援しています！(男性)

お喜び様です。まず、診療をして頂きました松久先生に深く感謝致します。

診療後の変化です。

1日目から身体全体が柔らかくなった感じがありました。また、子供のわがままにも心が乱れず落ち着いている自分がいました。

2日目は猫背が少し伸びたようで実際、自分で鏡をみても、妻に見てもらっても背筋が伸びていました。

3日目の朝、気持ちが凄く晴れやかで色々悩んでも仕方がない、今の自分でいいんだと少し思えるようになりました。良い意味でもがく自分を諦めたという感情になりました。

また、外を歩いた時に今までにない地面の柔らかさを感じ、地に足がついているような気がしました。

診療して頂き、3日目ですが、日々変化を感じています。

今の自分は最高の自分だと思い、日々ぷぁぷぁと過ごしていきたいと思います。

この度は先生に出会えたこと、診療して頂けたこと、自分のシナリオに感謝致します。

本当にありがとうございます、お喜び様です、うれしいです。お喜び様です。この度は診療を誠にありがとうございました。先生始め、スタッフ皆さまに感謝です。また、地球上における最上の最先端医学の恩恵に恵まれるシナリオを持っていた、私自身の魂にもお喜び様です。こんな幸運が人生に用意されていたなんて、ビックリです。自分は何てすごいのだろうと、自己肯定感が低い私が、そのように感じる事が出来ました。実は診療を申し込む前辺りから、少し咳が出ていたのですが、ダウンロード後に咳が本格的にひどくなりました。しかし、私自身は落ち着いていました。先生の書籍、動画などに可能な限り触れていましたので、この咳もシナリオの一部なんだなと思うと、苦しくはありますが、同時にお喜び様、という気持ちです。咳は体力を消耗すると聞いた事がありますが、身体全体は元気で、心を落ち着けてみると、気管支だけが大変、という事が分かりました。かなりの咳き込み量ですが、不思議と気管支は痛くはなりません。体力も充分にあるよ、という風に感じます。そしてこのタイミングで、避けられない御縁によって、明日から小笠原諸島を訪問する事になりました。ドルフィン先生の家族？　お友達？　のイルカさん達が沢山いるエリアです。ゴホゴホ咳き込みながらも、何だか人生ユニークでお喜び様です。体調が崩れているのに、笑えてしまう自分になれた、先生のシリアス超医学に心からのお喜び様をお伝えしたく思います。また折を見て、診療を受けさせていただいたり、イベントなどにも参加したいと、楽しみにしております。

松久先生、遠隔診療ありがとうございました。人生のテーマを伺って、なるほどと思いました。おかげさまで、特別な自分になりたいという執着に気づき、いまにとどまれるようになっています。楽になりました。対面、遠隔と時をあまりかけずお願いしました。かなりもがいていた状態で対面、ハートを開くＤＮＡをコードインしていただき、意識が瞬時にワープしたのを体感しショーゲキを受けて、試してみたいという欲求にあらがえず、帰宅後すぐ遠隔を申し込みました。遠隔を受けて、急激な変容を体験しています。なんといってよいか……高次元からのＤＮＡの書き換えってこんなに楽なのだ、と思っています。苦しんでたのは自分で体験したくてそうしてたのだ、と思います。松久先生にお会いできて、本当に良かった。自分でこの現実を創り出したのだとおもうと、自分をほめてあげたいです。いまの自分が大好きです。ありがとうございました。

松久先生、お喜び様です。

頂いた自己存在意義の強化と確立という課題は本当に思い当たる事ばかりでした。普段はすっかり思い出さないでいた『お前はろくでもないとか、陰気だとか、おぞい、生きている意味もない』と父親に言われ続けていたこと。外から見えないところを定規やブラシで何度も泣いて謝るまで母親に叩かれ続けたこと。どうして自分は駄目なのか、そばにいる親さえも喜ばせることすら出来ない愚図なのか、不出来なのか、生きることにくたびれていた10代を思い出しました。当時の強烈に心に刻まれた『私は駄目人間』という感覚がその後の人生のベースにありました。いつも自分を許せない私は何かにつけて自分を責め、他人にも責められている気持ちに勝手になり自滅していました。松久先生からの変わろうとせず今ここを大事に、自分を可愛がって下さいというメッセージは私にとって祝福以外の何ものでもありません。とてもとても嬉しいです。大袈裟ではなく生きていても良いんだと初めて暖かい気持ちになれました。

あれから酷い偏頭痛もでませんし、片方10個位あった乳腺維腺腫も手に触れるしこりが無くなりました。近々定期検診の予約を入れようと思います。右太股にあったウズラの玉子大のしこりもいつの間にか無くなりました。

メッセージが届いて間もなく、空には３６０度ぐるっと大きな大きな龍が現れました。普段から時々、見たり感じたりするのですが、その日の龍は眼の玉も髭も角も鱗もはっきりした御姿でした。余りにも綺麗でお友達も外に連れ出して一緒にみました。

松久先生、本当に本当にありがとうございます。お喜び様です。嬉しいです。

おおらかにゆったりした気持ちで、今ここを大事に過ごしていきます。


ありがとうございました。

まず診察結果を読み、確かに私は使命や能力の開発のことばかりに気がいっており、その上に上にと思う気持ち自体が執着なんだと気がつきました。そしてそれは何故かを考えた時に今の自分が充分でないと思っている、自信がないからなんだと思いました。本当に結果の通りだと感じました。

その後ダウンロードさせて頂き、10分くらいの間に様々な考えが浮かび、私は今の私でもいいじゃないか、と自信が湧いてきました。そしてそう思うと足の裏の地に着く感覚（面積）が変わりました。数日前から足首を痛めており、私浮いてたんだと気がつくことができました。ぼんやりとしていた景色がはっきりと、葉っぱの色や形さえはっきり見ることができました。

沢山の気づきを本当にありがとうございました。またよろしくお願いいたします。

先日は遠隔診療をありがとうございました。尾てい骨の痛みの方は、翌朝起きてほぼ無くなっていました。

（…略…）

その後3日ほどですっかり消え去り、遠隔診療のすごさを体感しました。

魂意識のテーマについては、当日は読めば読むほど深く、過去の様々なことが湧いてきて正直なところ辛かったですが、これも浄化と捉え休みました。過去のわだかまっていた事柄と感情が出てきましたが、書き出すとすっきりしました。（…略…）

2日後、丸一日下痢。元々腸が弱いのですが、浄化の現象と捉えました。（…略…）そして偶然読んだ記事で、今モヤモヤしている事はある固定概念が元だったとわかり、すっきりしました。「今の自分で良し」と心から思えました。

3日後、これまで出会わなかった情報に出会い、長年持っていた不要な固定概念にいくつか気づき、「こんなに自分は苦しかったんだな」「親のせいにして勝手にもがいていたんだな」「でも頑張ってこれまで生きてこれたのは家族のおかげだ」と感謝の気持ちが出てきました。

この３日間が終わると嘘のように心が静まりました。私にとっては強制浄化期間だったように思います。

今それから３週間たちましたが、これまでとは数段違った、異次元の感覚が有ります。ありがとうございました。外で声を出してダウンロードしたら空から暖かい光が降りて来て包まれました。

自然と口から宇宙さん、地球さんありがとう、太陽、月さん、ドルフィン先生ありがとう。全てのみんなありがとうと言葉が出ました。

そして今日、心臓の手術予定の病院に行き最終検査をしたら、問題あるところもみんな消えていました。

先生がこんなにきれいに心臓も血管も写っています。もう来なくて良いですとのこと。それまで心配でおかしくなりそうでしたが、最後は私は宇宙の小さな一部。宇宙が体験しなさいというなら必要なことだから宇宙に任せようと今回思いました。

貴重な体験をしました。

ドルフィン先生ありがとうございます。生きる意欲がないまま生きて来ましたが、これから今を大切に生きます。

松久先生、先日は主人に遠隔をありがとうございました。10日ほど経ち、主人は腰の痛みも全くなく、嘘のように正常に戻りました。本人も認めています。まだ体に負担のかかる仕事をしていますが、普通にこなしているのに驚きです！衰弱しきって、家では不機嫌で話が噛み合わなかったのがまるで嘘のように元の穏やかな主人に戻っています。本当にびっくりです！

月末にも新しい事業の仕事に変わりますが、新しい希望が見えてきました。代理である私は先生の講演を3度ほど聞きに行きまして、そのさいに実際に驚きの施術を間近で見てすぐに遠隔を申し込んだ次第です。本当にありがとうございました。

遠隔診療ありがとうございました。ダウンロードした際、頭がもわーっとしました。そこから診察結果と合わせて読み、ダウンロードして、何か劣等感というのは「他より勝らなければならない」というエゴから来ていたんだ！「なんで勝る必要があるんだ??」と急に思いました。

それから数日、いつもだったらスピ迷子になり日々何か気になるワークショップやセミナーに行ってしまうところですが、本当にやりたいところに立ち止まっています！

ありがとうございました。


診療日からすぐに体調を崩しましたが、数日後より少しずつ体調が良くなってきました。

人間関係も少しずつ好転しているような感じがします。

何より、パニック発作が１度も起きていません。

体調が最悪の時ですら、パニック発作は起きませんでした。

これは本当にすごい事です！

信じられないことです！

もしこのまま発作が無くなったら、本当に奇跡だと思います！

どうもありがとうございました。

そしてもうひとつ。

診察結果が書いてあるメールを主人に転送したところ、

「このお医者さんはすごいね。あなたに会ったこともないのに、あなたの現在の状態をまるで知り尽くしているかのように的確に言い当ててるよ。いまのあなたの状態は、まさにここに書いてある通りだと僕も思うよ。

遠隔で診療するなんて＊＊＊、これを読む限り、すごいと思うよ。」

と、びっくりしていました！

どうもありがとうございました。


以上、ドクタードルフィンが提供する神医学は、もはや今までの医学の概念では理解できないものであり、物質である細胞を対象とするものではなく、エネルギーである宇宙の叡智と目に見えない高次元ＤＮＡを修正し、書き換えるものであり、ゆえに「三次元医学の奇跡は神医学の常識」である理由がおわかりいただけたかと思います。

○宇宙の叡智とつながるためのとっておきの方法

それでは最後に、読者の皆さんのためにとっておきの情報をお伝えしておきたいと思います。それは、神医学から見た、「宇宙の叡智とつながるために人類一人一人ができること」です。

《宇宙の叡智とつながるための方法》

1：太陽を視る

松果体は光に反応して働く器官なので、穏やかな太陽を視ることで、あなたの松果体が活性化されます。朝日や夕日などのやわらかい太陽を直接視ることによって、慣れてきたら強めの太陽を短い間、見ることによって、幸せホルモンと呼ばれるセロトニンが産生され、夜にはメラトニンに変換されて、気づきや学びが促されます。

もし、太陽を視た後に毎回目に不快感が強く残るようなら、太陽の凝視は避けてください。

2：珪素を摂取する

松果体の働きを強化することは、宇宙の叡智とつながる大切な鍵です。松果体の働きを強化するのは珪素（シリカ）です。珪素は私たちの体内では生成できないので、毎日積極的に摂取することが大切です。水晶由来の珪素と植物由来の珪素がありますが、やはり水晶由来の驚異的なエネルギーが転写された水溶性の濃縮珪素（究極の純粋水晶性珪素）がオススメです。（ドクタードルフィン公式ホームページで珪素情報掲載、お奨めの珪素製品を販売しています）

3：水晶のサポートを得る

あなたと出会う水晶は、魂意識の高次元振動波を修正し、あなたの魂の望みが実現するよう、万能にサポートします。ですから、お気に入りの水晶をあなたの人生と生活の中に積極的に取り入れてください。

4：完全反射のダイアモンドのサポートを得る

あなたとマッチする、世界初かつ最高の研磨技術で実現した完全反射ダイアモンド（アルカダイアモンド）は、身体細胞の三次元振動波を修正し、あなたの健康と幸福を、強力にサポートします。

乱れた身体物理エネルギーを有する状態では、高エネルギーの宇宙叡智は、降り注ぐことはできません。「アルカダイアモンド」を所有すること、または身に着けることは、宇宙の叡智とつながるための最高の自己投資といえるでしょう。

おわりに

新型コロナウイルスへの医学界の対応を見てもわかるように、これまでの三次元医学の限界と問題点がどんどん浮き彫りになってきています。

ドクタードルフィンの働きかけにより、これまでの医療業界や製薬業界を牛耳ってきた勢力（イルミナティ、フリーメイソンやロスチャイルドなどの権力者たち）が、人類が宇宙の叡智とつながることを受け入れました。

世界を良くするのには、日本のエネルギーが必要です。

霊性日本が世界をリードするために、このたび、霊性琉球王国を開き、大分の宇佐にて卑弥呼と真なる天照大御神を目覚めさせ、霊的邪馬台国を誕生させました。

今、封印されていた宇宙の叡智が日本に降り注ぎ始めました。日本から新しい医学、新しい人類が生まれます。

ですから、今こそ新たな高次元医学すなわち神医学の出番なのです。

この神医学においては、本質的には、医者という存在は不要になります。

なぜならば、人類の一人一人が高次元と繋がることで、自らが最高の医師になるからです。

これからの次元上昇する高次元医学においては、医師と患者という立場の分離はなくなり、人類一人一人の中に、医師と患者が両者存在して、それらが融合されるのです。

88次元 Fa-A
ドクタードルフィン　松久　正

88次元 Fa-A ドクタードルフィン 松久 正（まつひさ・ただし）

鎌倉ドクタードルフィン診療所院長。日本整形外科学会認定整形外科専門医、日本医師会認定健康スポーツ医、米国公認ドクター オブ カイロプラクティック。慶應義塾大学医学部卒業、米国パーマーカイロプラクティック大学卒業。「地球社会の奇跡はドクタードルフィンの常識」の〝ミラクルプロデューサー〟。神と宇宙存在を超越し、地球で最も次元の高い存在として、神と高次元存在そして人類と地球の覚醒を担い、社会と医学を次元上昇させる。超高次元エネルギーのサポートを受け、人類をはじめとする地球生命の松果体を覚醒することにより、人類と地球のＤＮＡを書き換える。

超次元・超時空間松果体覚醒医学の対面診療には、全国各地・海外からの新規患者予約が数年待ち。世界初の遠隔医学診療を世に発信する。セミナー・講演会、ツアー、スクール（学園、塾）開催、ラジオ、ブログ、メルマガ、動画で活躍中。ドクタードルフィン公式メールマガジン（無料）配信中（ＨＰで登録）、プレミアム動画サロン ドクタードルフィンDiamond倶楽部（有料メンバー制）は随時入会受付中。

多数の著書があり、最新刊は『宇宙人のワタシと地球人のわたし』（明窓出版）『シリウスランゲージ』『ウィルスの愛と人類の進化』（ヒカルランド）、他に『ＵＦＯエネルギーとＮＥＯチルドレンと高次元存在が教える～地球では誰も知らないこと～』『幸せＤＮＡをオンにするには潜在意識を眠らせなさい』（明窓出版）『いのちのヌード』『シリウス旅行記』『これでいいのだ！　ヘンタイでいいのだ！』『死と病気は芸術だ！』（ＶＯＩＣＥ）『多次元パラレル自分宇宙』『あなたの宇宙人バイブレーションが覚醒します！』（徳間書店）『からまった心と体のほどきかた古い自分を解き放ち、ほんとうの自分を取りもどす』（ＰＨＰエディターズ・グループ）『松果体革命』『Ｄｒ．ドルフィンの地球人革命』（ナチュラルスピリット）『ワクワクからぷあぷあへ』（ライトワーカー）『かほなちゃんは、宇宙が選んだ地球の先生』『ドクタードルフィンの高次元ＤＮＡコード』『ドクター・ドルフィンのシリウス超医学』『シリウスがもう止まらない』〈松久正×龍依／著〉『水晶（珪素）化する地球人の秘密』『菊理姫（ククリヒメ）神降臨なり』（ヒカルランド）『神ドクターDoctor of God』『ピラミッド封印解除・超覚醒　明かされる秘密』（小社刊）など、話題作を次々と発表。『松果体革命』（ナチュラルスピリット）は、２０１８年度の出版社Ｎｏ１．ベストセラーで海外から出版されている。

また、『「首の後ろを押す」と病気が治る』は海外出版もされる健康本ベストセラーとなっており、『「首の後ろを押す」と病気が勝手に治りだす』（ともにマキノ出版）はその最新版。

今後も、多種イベント開催とともに、続々と多くの新刊本を出版予定で、世界で今、もっとも影響力のある存在である。

公式ホームページ　http://drdolphin.jp/

※第19回ドクタードルフィンセミナー
神ドクターと神医学～地球に舞い降りた奇跡～

ドクタードルフィンセミナー

神やその他の宇宙存在エネルギーを超えた88次元 Fa-Aであるドクタードルフィン　松久 正がお届けする、人生が大きく生まれ変わるセミナー。

ドクタードルフィン松久　正からのメッセージ

これからの新しい時代、人間レベルのものが人間を救うことができません。既存の科学や医学、既存の社会は、まさに人間が作った人間レベルの産物です。新しい人類と地球を救うのは、超神レベルのドクターと医学です。いよいよ、封印されていた地球の奇跡を目の当たりにするでしょう。

本セミナーでは、貴方のDNAを超地球人レベルに書き換えます。

○日時　2020年5月30日（土）12:00（開場）13:00（開演）

○会場　新横浜プリンスホテル

○参加費用　¥25,000／人
※完全予約制、定員になり次第締め切ります。事前ご入金にて受付完了となります。
※参加費お振込み後の払い戻しはできません、ご了承下さい。

○参加特典

参加者全員に、全ての神の恩恵を与える高次元ＤＮＡコード『超神祝福コード』をギフトインします。

○申込・詳細
ドクタードルフィン公式ホームページ
https://drdolphin.jp/

○お問合せ
㈱ドルフィンボイス　ドクタードルフィン事務局
TEL:　0467-84-9155
受付時間：月火木金　10:00～13:00/15:00～18:00
※祝日・特別休診日を除く。

神医学

令和二年 4 月 24 日　初　版　発　行

著者　松久正
発行人　蟹江幹彦
発行所　株式会社　青林堂
〒150-0002　東京都渋谷区渋谷 3-7-6
電話　03-5468-7769
装幀　TSTJ Inc.
印刷所　中央精版印刷株式会社

Printed in Japan

ISBN 978-4-7926-0674-9